기적수업이란
무엇인가

종교조차 죄책감을 못 없애고
해탈로 못 이끌 때

지은이 **지가성(지속 가능한 성장, 필명)**

고려대학교 영문학 학사
미국 뉴저지 드루신학대학원 신학 석사
미국 캘리포니아 클레어몬트 신학대학원 종교학 석사
미국 캘리포니아 샌디에고 법학대학원 법학박사(Doctor of Jurisprudence)
뉴욕, 뉴저지, 캘리포니아 한인교회들에서 설교자로 일하고 미국과 한국에서
변호사와 다양한 업종의 투자자/경영자로 일했다.

기적수업이란
무엇인가

ⓒ 지가성, 2021

초판 1쇄 발행 2021년 4월 19일

지은이   지가성
펴낸이   이기봉
편집   좋은땅 편집팀
펴낸곳   도서출판 좋은땅
주소   서울 마포구 성지길 25 보광빌딩 2층
전화   02)374-8616~7
팩스   02)374-8614
이메일   gworldbook@naver.com
홈페이지   www.g-world.co.kr

ISBN   979-11-6649-606-6 (03230)

A Course in Miracles

기적수업이란 무엇인가

제1권

모두가 행복하기를 바라지만 아무도 진정 행복하지는 않은 이유

지가성 지음

좋은땅

목차

II. 이론

제 2 권

III. 삶에서의 적용

"판단하지 않고 더 이상 속지 않는 자, 몸에 매이지 않고
완벽한 사랑을 받아들이는 자는 복이 있나니"

1. 판단(judgment)

2. 몸(the body)

3. 시간(time)

4. 질병의 치유와 치료(healing and cure of sicknesses)

5. 속임(deceit)

6. 진리를 받아들이는 단계들(steps of accepting the truth)

7. 용의 - 작은 용의(the little willingness) 내기

8. 행복, 기쁨, 평화의 총체성(the totality of happiness, joy, peace)

9. 장애물 - 머뭇거리는 환상들(lingering illusions)

10. 받아들이기(acceptance)

Ⅳ. 성서(다른 종교들)와 기적수업

1. 기적수업으로 본 성서의 재해석

2. 예수의 산상수훈, 비유 그리고 기적수업의 공통점들

3. 대승불교와 기적수업이 만나는 지점

   1) 밖에서 지각되는 것(형상을 지니고 나타나는 것; 우리에게 보이는 것)
      은 완전히 환상일 뿐이다.

   2) 실재와 실재세상은 우리의 이해를 넘어서는 영역이긴 하지만 우리가
      용서를 통해서 비전을 얻을 때 실재세상을 지각할 수 있게 된다는 점
      에서 공즉시색이나 진공묘유의 공과 유사성을 보여 주기도 함. 대승
      불교와 유사점.

   3) 자신의 불성(신성, 거룩함)의 흔들림 없는 알아차림이 바로 깨달음이
      다. 선불교 유사.

Ⅴ. 결론

1. 기적수업은 염세적이거나 초월적인가?

2. 기적수업의 독특한 열매, 공헌

3. 기적수업을(기적수업의 속죄를) 가르치도록 초대받은 자의 특징

   1) 지금은 극단적이어야 할 때

   2) 이제는 뭘 하지?

머
리
말

이 책의 부제는 '모두가 행복하기를 바라지만 아무도 진정 행복하지는
않은 이유'이다. 부제가 묘사하고 있는 실존적인 삶의 이런 상황―누구나 행복
을 바라지만 아무도 진정으로 행복하지는 않음―이 가장 근본적인 인간 삶의 문
제라고 할 수 있는데, 기적수업은 바로 이런 상황에 대한 하나의 해결책이다.

1

기적수업 개관

기적들이란 무엇인가에 대한 예수의 강의

그 누구든 무엇을 하든 어떤 것을 원하든 결국은 '행복'하고 싶어서 그렇게 한다. 그리고 이 행복(기쁨 혹은 평화)은 당연히 몸의 행복이 아니라 마음의 행복이다. 즉 몸의 쾌락, 성공이 주는 풍요로움, 우정, 연애, 사랑, 권력, 명예, 종교를 추구할 때도 그것을 통해 결국 마음이 행복을 느끼고자 추구한다.

자식을 잘 키우려 애쓰든, 친구나 가족에게서 안식을 찾든, 취미 생활로 기쁨을 누리든, 명예를 얻고 권력을 쥠으로써 희열을 느끼든, 결국 이런 것들을 통해서 최종적으로 원하는 것은 행위나 목표 자체가 아니라 그것들을 통해서 갖고 또 느끼고 싶은 마음의 행복, 기쁨, 또는 평화인 것이다.

이상적이라면 이 행복은 시간의 흐름에 따라 혹은 여건의 변경에 따라 흔들리지 않아야 하고, 변함이 없는 행복이어야 한다. 다른 말로 해서 언제나 변함이 없는 순수한 기쁨이나 평화라야 한다.

문제는 아무도 진정으로, 변함없이 행복하시는 않다는 것이다.

너무나 빨리 지나가는 인생과 그것이 반드시 파묻어 놓는 덫들, 세월의 덧없음, 그리고 생, 노, 병, 사의 사이클로 인해서 누구도 변함없이 행복할 수는 없다. 그리고 보다 근본적인 문제는 스스로를 단지 '몸'이라고 믿는 데 있다. 이런 행복, 기쁨, 평화는 진리 혹은 완벽한 사랑만이 줄 수 있는 것인데 자신을 단지 몸이라고 믿는 한 이런 것을 얻을 도리는 없기 때문이다.

여기에 변함없는 행복, 기쁨, 평화를 준다고 약속하는 그리고 완벽한 사랑을 소개하는 **'기적수업'의 의미**가 있다.

2

기적수업의 신학

**분리를 믿고 혼자라고 믿으면서 영에서 떨어져 나온 마음이
영에게로 회복되는 법**

기적수업이 알려 주는 바에 의하면 우리가 행복하지 않은 가장 근본적인 이유는 우리 마음이 우리가 영이라는 사실을 잊고서 우리 정체를 몸이라고 믿게 된 것에 있다. 워크북 97:8은 우리가 영이며 그 영은 어떠한 속성을 가지고 있는지 잘 알려 준다.

> 나는 하느님의 거룩한 아들인 영이다. 나는 모든 한계로부터 자유로
> 우며, 안전하고 치유되었고 온전하다. 나는 자유로이 용서하고, 자
> 유로이 세상을 구한다.

몸이 아니라 영인 우리는 하느님의 아들로서 거룩하며, 어떤 한계들에 의해서도 속박되어 있지 않다. 게다가 우리는 치유를 바랄 필요도 없이 이미 치유되어 있고, 홀로가 아니라 온전/전일(whole)하다. 요컨대 영인 우리는

거룩하고 자유롭다.

진실을 말하자면, 우리는 행복하지 않을 수가 없는 존재이다. 비록 우리의 하루하루 실존은 병들고 피곤한 몸으로 서러워하고, 날 버리고 떠난 연인 때문에 비통해 하고, 뜻대로 되지 않는 자식 때문에 허망해 하고, 하루아침에 날린 재산 때문에 당혹스러워 하고, 이루지 못한 입신양명의 꿈 때문에 씁쓸해 하며, 다가오는 죽음의 그림자가 어른거릴 때마다 혼비백산하더라도 말이다.

떨어져 나온 마음이 '다시 영에게로 회복(restoration to Spirit)'되게 돕는 기적수업

이렇게 우리 자신이 영이라는 진실을 기억나게 하고, 여건에 따라서 변하지 않는 완벽한 사랑이 무엇인지, 또 우리 자신이 왜 그런 사랑인지를 가르쳐 주는 것이 기적수업의 가장 중요한 목표라고 할 수 있다. 수업은 이 목표를 이루기 위해서 우리가 몸이라는 믿음을 전제로 가지고서 붙들고 사는 여러 가지 개념과 아이디어들을 익히고 들여다본 후 문제점들을 보게 하고 창조적으로 비평할 수 있도록 가르친다.

이런 배움의 진행을 통해서 우리는 원래는 우리가 영이었음과, 분리를 믿기 전에는 하느님과 그리고 다른 피조물들과 하나이었음과, 하나였을 때는 지금처럼 제한적인 삶의 조건들과 한계들에서 자유로웠음을 이해하고 받아들이도록 초청받는다.

'영'은 '마음'을 자기표현의 수단으로 사용하는데(워크북 96, 97), 그 마음이 극히 짧은 순간 믿었던 단 하나의 잘못인 '우리는 신과 형제로부터 분리되었다.'는 생각으로 인해서 죄책감과 두려움 속에서(마음이 영에서 떨어지면 올바로 생각할 수 없기에 행복하고 기쁠 수 없다. 완벽하게 행복하지 않다면 죄책감 때문이다.), '영'에서 떨어져 나왔다.

이렇게 영에서 떨어진 마음은 '몸'을 만들었고, 그 '몸'을 우리 자신의 정체로 잘못 믿었던 우리 '마음'의 생각(올바로 생각할 수 없는 마음은 에고인데, 자신을 몸 안에 있다고, 즉 몸이라고 혼돈을 일으킨다.)이 현재 우리의 모든 곤성의 출발이었음을 배우게 되는 것이다.

기적수업은 이런 잘못(죄와 달리 '잘못' error로 묘사된다.)이 일어난 과정을 거꾸로 계단을 밟아 올라가서 **'마음'이 '영'에게로 회복되게 하는 방법을 알려 준다.** 우리가 그 방법을 배워서 변화하려는 용의를 내고 다시 선택함으로써 우리의 참된 정체는 몸이 아니고 '영'이자 '사랑'임을, 마음이 다시 확인하고 변함없는 행복(그리고 기쁨과 평화)을 누릴 수 있도록 이끄는 것이다.

그 방법은 가장 간략하게 말하자면, 우리가 항상 변함없는 **'사랑(혹은 신)'의 현존을 알아차리지 못하게 만들고 있는 '장애물들'을 마음이 훈련을 통해 제거(기적수업의 표현으로는 '용서')해서** 사랑이 늘 그렇듯 지금도 우리와 함께하고 있음을 다시 확인하는 것이다.

> **워크북 352:1** 이곳에서 용서에 반영되어 있는 사랑은, 당신의 평화를 되찾을 길을 당신이 제게 주셨음을 일깨워 줍니다.

이러한 마음의 장애물들(환상, 꿈, 상상, 왜소함 등으로 묘사되는)의 제거는 우리가 에고의 목소리에서 벗어나서 진정으로 행복 기쁨 평화를 누리게 만드는 비결이라는 의미에서 기적수업의 목표이기도 하다(서문 2. This course aims at **removing the blocks to the awareness of love's presence**. 이 수업은 사랑의 현존을 자각하는 데 있어서의 장애물들을 제거하는 것을 목표로 삼는다).

보통의 사람이 일반적으로 겪는 인생의 궤도를 다음처럼 하나 가정해 보자.

1) 태어남

a. 부모 형제 친척 통한 규범, 도덕, 문화의 전수

　교육, 친구 통한 사회화

b. 성취를 계획하기

c. 연애 사랑 헌신

d. 다시 계획하기

　저마다 각자의 행복 정의하기

　판단과 분노

　복수와 공격/방어

　계획수정 계속

　(이런 판단, 공격생각, 계획하기는 인생을 지치게 하고 에너지를 고갈시킨다. 심지어 노화와 질병의 기초가 된다).

e. 성공 실패 명예 역경

→ 대부분의 경우 우리는 처음에는 가족들이, 다음으로는 친구들, 학교, 사회가 주입시키는 가치관들과 믿음들을 마치 삶의 이정표들로 때로는 모범답안으로 채택하고서 성장하고 활동하고 늙어 간다. 이 과정에서 우리는 누구나 성공과 명예의 성취를 통해서 행복을 추구한다. 하지만 성공과 명예는 실패와 역경으로 인해 결코 지속되지 않는데다가, 자신의 늙음과 병이 조만간 시작된다는 사실만으로도 모든 것은 일시적일 뿐이라는 진리를 발견하고는 처절하고도 궁극적인 실패를 경험하게 된다(통합과 결합의 실패를 경험; 다시 통합되고 결합하는 경험을 원해서 종교, 즉 'religio(다시묶음)' 탐색).

여기서 가장 큰 아이러니는 가족과 학교 그리고 사회와 같은 주요 주체들이 우리에게 전수해 주는 가장 선별되고 축약된 지식들과 가치관들이 우리를 사회화 과정과 인생의 다른 과정들에서 변치 않는 진리와 행복으로 이끌기보다는 모호함, 부조리함, 불안함으로 이끄는 경우가 훨씬 더 많다는 것이다. 우리 사회에서 대대로 전승되는 지식과 가치체계와 교육이 우리의 행복의 성취와 관련해서 총체적으로 실패하는 것은, 그것들이 주로 서구에서 더 활발하게 차용해 온 분석적인 판단에 기반을 두는 것과 어느 정도 연관된 것으로 보인다.

2) 생로병사

몸이 늙기 시작하기 전에도 인생은 어처구니없이 짧아서 씁쓸함과 부조리함을 느끼게 하기에 부족함이 없다. 노화와 함께 점점 생명의 순환과 그 의미를 알게 되지만 대부분의 사람들은 여전히 바깥/외부에서, 즉 세상과 몸의 진리 안에서 터무니없이 짧은 생과 허무와 절망의 상념을 피할 수 없게 만드는 노빙사라는 곤경에 대한 답을 찾으려 한다.

a. 빛을 추구하고 진리를 갈망하며 때로는 영적 경험 (특히 종교를 통해서: 종교는 '다시 묶음'을 뜻하는 라틴어 *religio*에서 유래)을 추구함

→ 그런데 이런 종교를 통한 진리의 발견과 행복의 추구 역시 실패의 경험으로 끝날 가능성이 높다. 즉 복음도 아미타불도 도움이 안 되는 실존적 삶의 정황이 우리 인생의 일반적인 상황인 것으로 보인다.

b. 무엇인가 잘못 되어 있음과 여태 믿어 오던 자기 이미지(self-concepts)의 모순을 이해하고 교정 시도: "다른 길이 있어야만 해!"

이런 맥락에서 우리에게는 '과연 이 세상과 몸은 실재하는가?'라는 질문이 서서히 대두된다.

→ 연예인 이미지의 유효기간처럼 한계를 품은 자기 이미지는 건강 문제 인간관계 사회문제 혹은 단지 늙고 병들어 죽는다는 시간의 흐름 때문만으로도 유통기한이 있다. 이런 인생의 궤도를 그리고 소멸하고 마는 것이 진정 나인가? 라는 질문이 생겨난다. 또한 "나는 누구인가?"라는 질문, "무엇이 실재하는가?"와 같은 질문들을 피하기 어렵다.

3

삶이 행복하지 않은 이유
- 기적수업이 제시하는 대답과 제안

외부의 여건이 변화하는 것에 상관없이 항상 행복하고 기쁘고 평화로운 진정한 자기를 발견하는 것이 가능하고, 그 발견은 심지어 하느님에 의해 계획되고 운명지어졌으며 이때는 진정한 결합(신과의 결합, 다른 존재들과의 결합)과 통합(지식과 경험의 통합)이 가능하다.

이때는 드디어 진정한 행복이 가능해질 수 있게 된다.

1) 단 지각과 사고의 역전을 경험하고 받아들여야 한다

지각과 사고의 역전이라는 것이 말이 쉽지, 현실적으로는 지극히 어려운 것이거나 불가능한 것으로 들릴 수 있다. 돌연변이는 항상 위험한 것으로 간주되는 경향은 부인할 수 없다. 또한 주류에 대한 도전은 늘 현재의 안정된 시스템에 풍파와 소요를 일으키고 불안정의 교정에 드는 비용을 발생시키는 위험한 행위로 제재와 억압, 심지어 거세와 축출의 대상으로 취급되기 일쑤이다.

현재의 주류를 이루는 사고체계와 시각들을 받아들이고 그것을 유지하고 강화시키는 보수적인 태도가 대부분의 사람들에게는 처세술의 기본으로 이해되고 어느 조직에서든지 사다리의 위쪽으로 올라가는 것을 보장해 주는 것처럼 보이는 것도 어느 정도 인정하지 않을 수 없기는 하다.

그렇지만 조금 더 열린 마음으로 조금 더 깊이 성찰해 보면, 사실 인류 역사의 가장 의미 있고 중요한 국면들에서 **지각과 사고의 역전이 있음으로써 오늘날의 우리가 있게 되었음**을 깨닫게 된다.

a. 우리를 보호하고 길흉을 좌우하며 늘 피의 희생을 요구하는 수천수만의 신들의 이야기인 신화들은 사실은 역사라기보다는 우리의 희망, 불안, 기대, 염려를 반영하는 이야기들이었음이 밝혀졌다. 또 신화와 끝없이 만들어지는 많은 다른 형식의 이야기들(역사, 문학, 예술 등)이 전해지는 주요 이유는 신의 뜻이 사람들에게 알려지게 만들기 위해서가 아니라, 기득권자들의 사회, 정치, 경제적 이익을 유지하고 확대하기 위해서였다. 신화는 더없이 인간적인 이야기였다.

b. 지구는 둥글다는 믿음은 유난히 용감하거나 재물을 갈망했던 사람들에 의해서 역전되고, 종교의 사제들이나 왕들은 선택되고 거룩한 인간들이라는 믿음도 전복되었다.

c. 인간은 새처럼 날 수 없고 포유류처럼 땅 위에서만 생활하는 운명이라는 상식/지식도 전복되었다.

d. 반드시 전쟁이나 폭력으로만 가장 효율적으로 분쟁을 해결하고 노동력을 확보

할 수 있다는 수천 년간의 상식과 힘의 가치관도 실정법과 무역제도 활용의 효율과 그것이 가진 문명적인 외양이 주는 이점으로 역시 전복되었다.

e. 부자와 빈자, 남성과 여성, 귀족과 노예, 태생적으로 고귀하고 우월한 자와 열등하고 비천한 자라는 이분법적 가치관도 오래 걸리긴 했고 여전히 저항을 겪고는 있지만, 서서히 역전되었다.

f. 결혼의 가장 중요한 의미는 늙고 부유한 사람과 해서 상속을 받는 것이라는 사회적 믿음은 피 끓는 청춘남녀들이 사랑하는 사람과의 결혼을 선호하는 이유로 거의 버려졌나.

g. "물질도 빛도 당연히 입자이다."라는 확고한 물리학적 지식은 물질과 빛의 파동적인 성질이 밝혀짐으로써 전복되었다.

h. 예측과 예방이 가능한 재해와 질병들의 숫자는 서서히 늘어 왔다. 역병이나 전쟁은 신이 내리는 징벌이라는 믿음도 해체되었다.

i. 생명은 오직 신만 만들 수 있다는 믿음도 생명 복제기술과 유전자 지식으로 전복되었다.

j. 종교의 경전에 의해서가 아니라 삶의 실존을 존중하는 실정법들의 제정으로 성(sexuality)과 생명에 관한 선택의 다양성, 삶과 기회의 동등성이 보다 보장받고 존중받게 되었다. 이렇게 종교가 오히려 인간 삶의 부조리한 면들을 유지/강화시켜온 부조리한 면모가 밝혀짐으로 경전과 교리의 위엄과 가치는 전복되기 시

작했다.

k. 사회의 부나 정치적 권력이나 심지어 문화적 영향력조차 신의 축복, 합리적이고 이성적인 능력, 자유롭고 양심적인 선택 혹은 내재적인 미학적 가치에 의해서 형성된다는 전통적 믿음도 전복되었다. 다양한 과학적 시각의 관찰과 연구에 의해서 부, 권력, 영향력 등이 생겨나고 강화되고 이전되는 주된 이유는 부의 상속을 가능케 하는 기득권의 연장기술, 새로운 참신한 시각과 지식이 탄생할 때마다 일어나는 조기 억제와 진압, 그리고 조직적인 마케팅 기술 같은 환상적 장치들의 활용 덕분이라는 사실이 대중에게 받아들여지게 되었다.

이렇게 기존의 가치체계와 믿음체계의 전복으로 일어난 역전된 시각은 인류 역사상 종종 획기적인 지식의 발견, 경제적인 풍요의 확대, 인간 존엄성과 기본적 권리들의 놀라운 신장, 사람들 사이의 이해와 평화의 증가를 가능하게 만들었다. 이런 새로운 시각은 흔히 이성과 양심의 승리, 역사의 발전, 혹은 진리/신의 자기표현 등으로 불려 왔다.

결국 지각의 전복과 사고의 역전은 자기가 살고 있는 사회의 구조와 깊이 연관성을 가지고 있는 구조적인 기득권을 유지하고자 혹은 자신이 인생에서 해 온 선택들을 정당화시키고 자신의 믿음 체계들을 상속시키려는 목적으로 어느 시대의 사람들이나 만들어내도록 유혹받는 수많은, 그리고 다양한 형태의 이야기들에 더 이상 단순하게 순진하게 속지 않는 것일지도 모른다.

이런 사회적, 정치적, 경제적 의도로 만들어지고 한동안 유통되었던 수많은 가짜 역사들, 교리들, 사상들과 빈약한 시대적 도덕률들, 주장들, 풍조들의 문제점들과 폐해들에 우리는 매우 익숙해지고 비평적인 시대에 살고 있다. 하물며 '진리'나 '실재' 혹은 '행복'처럼 인간에게 보다 근본적이고 철학적이며 영적인 중요성을 지닌 사안이나 주제와 관련해서라면 우리는 사고의 역전을 두려워하거나 감당할 수 없는 투자로 보아서는 안 될 것이다.

2) 무비판적으로 상속받아 온 진리에 대해서 다시 배워서 변화하겠다는 용의를 내고 삶의 정황들에서 역전된 사고를 가지고 다시 선택해야 한다

a. **배우라!**

Now, what have you got to lose?

(이제 기적들이란 무엇인가에 대해서 배움으로써) 당신이 잃을 게 무엇이 있는가?

b. 배워서 변화하려는 **용의를 내고 다시 선택**하여 진정한 **행복, 기쁨, 평화를 지금, 여기의 삶에서도 누리라!**

* 텍스트, 연습서, 교사 지침서를 합하면 1,200페이지가 넘는 방대한 양과 심오한 깊이로 잘 알려진 기적수업 전체에 대해서 필자 나름의 간략한 소개를 하는 것이 이 책이 가진 의도이다. 이 책에서 인용하는 영문 '기적들이란 무엇인가에 대한 수업(A Course in Miracles)'은 저작권이 없는 'Original Edition'임을 밝힌다.
원문의 번역은 네이버 카페 '한국 기적수업공부 모임(http://cafe.naver.com/acimstudy)'의 번역을 주로 사용했고 일부 번역은 필자가 의도적으로 수정했음도 알린다.

Ⅰ. 서론

1

용어 정의와 해설

1) 기적수업이란 무엇인가?

이 질문은 우리의 지각이 전복되고 사고가 역전됨으로써 가능해지는 환상들의 용서, 즉 모든 꿈들의 포기가 가능해질 때(치유/속죄가 일어날 때) 어떤 일이 일어날까? 라는 질문과 같은 것이다.

죄책감과 두려움과 결핍의 확신에 시달리며 일생을 살아가는 우리의 사고방식이 역전되면 증오, 두려움, 질병, 공격, 방어, 복수, 판단, 원망이 불가능해진다. 달리 표현해서, 우리의 참된 정체에 비추어 볼 때 당연한 결과라고할 수 있는 변함없는 행복 기쁨 평화가 당연해진다.

결국, 기적수업은 고통스런 인생 한가운데서 "나는 정말로 누구인가?"라는 질문을 통해서 자기의 진정한 정체 발견을 가능하게 하는 수업이다. 모든 것의 진정한 모습을 가리고 있는 우리의 지각을 교정하여 비전을 얻는 법을 가르치는 수업이다.

이 비전은 우리의 현재 지각을 구성하고 있는 환상과 장애물을 제거할 때, 즉 용서를 통해서 진리가 아닌 것 혹은 실재가 아닌 형상에 더 이상 속지 않는 법을 배울 때 생기기에 기적수업은 만물의 진정한 모습과 우리의 본연의 권리인 행복 기쁨 평화에 다시 이르도록 돕는 공부인 것이다.

2) '기적들이란 무엇인가에 대한 수업'이 '기적수업'보다 더 나은 제목인 이유

'기적수업'이라는 제목에 대한 유감 1
- 당신에게 기적이란 무엇인가?

워크북 특별주제 13 기적이란 무엇인가?

1. 기적은 교정이다. 기적은 다만 참상을 바라보고는, 마음에게 그것이 바라보는 것은 거짓이라고 일깨워 준다.

기적이라는 단어를 들을 때 가장 자연스럽게, 혹은 가장 먼저 연상되는 것은 무엇인가?

- 내가 오랜 세월 앓아 온 지병이 별 조치도 하지 않았지만, 급작스레 치유됨
- 오래전 물려받은 시골 논밭이 갑작스레 신도시 건설 용지로 수용되어 수백억을 받게 됨
- 갑자기 주변 사람들이 생각하는 것이 들리기 시작하고 지나가는 강아지들의 대화가 들림
- 항상 얄밉게 굴던 시누이가 코로나 바이러스에 감염 확진된 지 3일 만에 급사함

- 이유는 모르겠지만 중력이 더 이상 나를 끌어당기지 않아서 날 수 있게 됨
- 늘 괴롭히던 직장 상사가 갑자기 트럭에 치어 반신불수가 됨
- 친구가 장난으로 사 준 로또가 1등으로 당첨됨
- 공부 못하던 자식이 어찌어찌 소신 지원에다가 전산오류까지 겹쳐서 일류대 의대에 떡 붙음

이 중에 최소한 하나 혹은 그 이상이 당신의 답이면 당신은 아마도 씩씩하게 사회생활을 하면서 어떤 회사나 조직에서 상당히 상식적인 사람으로 인정받고, 리더십을 발휘하며 꿋꿋이 살고 있을 가능성이 높다. 게다가 가끔 어울려 나니는 친구들도 낳고 당신이 참가하는 모임의 수도 적지 않을 가능성이 크다. 당신이 정의하는 '기적'은 참상이나 어려운 상황이 마법과 같이 해결되고 당신에게 유리한 방향으로 전개되기 시작하는 것이다.

만약 당신이 기적이라는 말을 듣고서, 용서, 사랑, 베풀기, 아낌없이 주기…. 이런 단어들을 떠올린다면, 당신은 친구가 없거나, 미쳤거나, 이미 정신병원이나 요양원에서 지내고 있을 가능성이 높을 것이다. 당신의 정의에 의하면 '기적'은 참상을 보거나 어려운 상황들에 처했을 때 마음에서 그것들은 진짜가 아니라 거짓이며, 실재가 아니라 환영일 뿐이라고 지각이 보는 것을 교정하는 것이다.

'기적수업'이라는 책 제목은 이런 맥락에서 '기적들이란 무엇인가에 대한 수업'이라고 변경되어야 좋을 것 같다. 기적이라는 말이 우리에게 심어주는 선입관이나 그 단어가 가진 뉘앙스가 아무래도 초자연적인 능력, 급작스런 초능력 발현, 오래 원하던 것이 별로 투자하지도 않았지만, 하루아침에 이루

어짐 같은 마법적인 것과 관계있기 때문이다.

'기적수업'이라는 제목에 대한 유감 2
- '기적들이란 무엇인가에 대한 수업'으로 고치자는 제안

외국어를 한국어로 번역을 할 때는 때때로 정확함의 추구를 넘어서 아주 철저하게 냉정해질 필요가 있다.

지금 우리가 공부하는 '기적수업'이란 책의 이름은 영어의 'a course in miracles'의 번역이므로, 최소한 miracles라는 단어에 대해서는 사실은 단지 '기적'이 아니라 '기적들'이라고 번역해야 옳을 것으로 보인다. 그래야 원어의 의미에 보다 충실하고 정직한 번역이 될 것이며 최소한 정의로운 번역일 것이다.

관사인 a와 전치사인 in은 여기의 문맥에서 핵심적이거나 중요한 의미를 전달한다고 보기 어렵다고 간주할 때 course 와 miracles만 남는다. 여기서 course는 과목, 수업 정도의 번역이면 족할 것이나 miracles라는 엄연한 복수 명사를 단수의 의미를 가진 것으로, '기적'이라고 번역하는 것은 정확하다고 보기 어렵다. 오히려 '기적들'이라고 번역해야지 수업 전체의 내용이 점차로 드러내고 강조하는 핵심적인 아이디어들에 부합한다.

수업에서 '기적'은 다양한 양상들로 나타나는 것으로 설명되는데, 이것이 시사하는 바는 책 제목의 번역으로서 '기적수업'보다 '기적들이란 무엇인가에 대한 수업들'이라는 번역이 더 정확하게 수업의 취지를 보여 줄 수 있다는 것이다.

기적은 우리가 흔히 '기적'이라는 단어와 연상하는 초자연적 사건에 그치지 않고 보다 넓은 의미에서 사고의 역전의 결과로 나타나는 '교정된 지각' 혹은 '두려움에서 벗어나기'라는 의미이기 때문이다. 수업 전체의 취지 중 하나가 '기적'이라는 단어에 대한 지각교정을 포함하고 있다고 이해할 수도 있는 것이다.

그래서 자기의 욕망을 속히 이루어 주는 마법적인 수단이나 병든 자를 원하는 대로 일으키는 놀라운 사건이 기적이리기보다는 오히려 사고의 역진으로 생겨나는 새로운 시각으로 공격생각과 폭력에 의지해서 살던 우리가 용서와 사랑의 삶을 살기 시작하는 것이 진짜 기적이다.

인류가 살기 시작한 아득한 옛적부터 지금까지도 두려움으로 자기보존이라는 당면과제에 긍긍하면서 보다 편한 삶과 조금 더 많은 재물을 확보하기 위해서 타인을 지배하고 착취해 온 것이 인간의 역사이다. 조금 더 편하게 삶을 누리기 위해서 보다 싼 노동력을 찾아 주변 사람들과 자연조차 노예화하면서 그런 삶의 수단으로 주로 냉정한 계산과 폭력에 의존하던 우리가 다음의 생각들을 하게 되는 것이 가장 큰 그리고 참된 기적이다:

• 주는 것과 받는 것은 같은 것이고 하나이다.
• 주어야만 받는다.
• 주는 것만 나의 것이다.
• 형제에게 주는 용서가 돌아와서 나를 용서한다.

- 원수가 내 구원자이다.
- 내가 형제에게 주는 것은 나 자신에게 주는 선물이다.
- 나는 몸이 아니다.
- 나는 하느님이 창조하신 그대로 권능과 영광의 존재이다.
- 나는 죄인이 아니라 거룩한 존재이다(내 안에는 환상인 죄가 아니라 하느님이 창조해 주신 거룩함이 있다).
- 나는 가르쳐야만 배울 수 있다.

이상과 같은 아이디어들이 함의하는 새로운 시각, 즉 교정된 지각의 수용이 진정한 기적인 것으로 기적수업은 설명한다.

워크북 특별주제 13 기적이란 무엇인가?
1. 기적은 교정이다. 기적은 다만 참상을 바라보고는, 마음에게 그것이 바라보는 것은 거짓이라고 일깨워 준다.

이런 맥락에서 사랑 love, 용서 forgiveness, 치유 healing(release from fear), 지각의 교정 correction of perception, 속죄 Atonement, 그리스도의 비전 Christ's vision, 새로운 시각 new sight, 진정한 정체의 발견 discovering true identity(자신이 몸이 아니라 창조된 그대로 권능과 영광의 거룩한 존재임을 보는 것), 더 이상 속지 않는 것 not being deceived any longer, 공격생각들의 포기 giving up attack thoughts(너무나 당연히 우리의 생각들 전체를 설계하는 근본적인 공격생각들을 포기하는 것), 두려움으로부터의 해방을 얻는 방편을 찾음 finding a way of earning release from fear, 두려움에서 벗어남 escape from fear, 꿈에서 깨어나기 waking up from the dream 등의 양

상들이 모두 다 기적들이다.

수업의 내용은 이것들이 왜 기적인지를 설명해 주는 것이라고 할 수 있는 것이다. 간략하게 말하자면 수업에 의한 기적의 정의는 먼저 마음에서 일어나는 변화, 즉 지각의 교정이다. 이 마음/내면의 변화가 세상/바깥에서 결과로 나타날 때 일부 경우들에서는 초자연적인 현상(병자의 원인 모를 갑작스런 치유나 물리법칙을 초월하는 다른 초자연적 현상 등)으로 나타나기도 한다.

이상에서 보았듯 a course in miracles라는 영어 제목은 '기적수업'이라는 단순한 번역보다는 '기적들이 어떤 것들이며 무엇인가에 관한 수업'이라는 취지를 전달하게끔 번역하는 것이 단지 자연의 법칙을 초월하여 생긴 초자연적 일이나, 과학적 설명이 불가능한 사건이나 사람의 존재(예를 들어서 죽어 가던 병자의 갑작스러운 쾌유나 높은 곳에서 떨어진 사람이 아무렇지도 않음)만이 기적이 아니라는 수업 전체의 내용에 더 부합하는 것이다.

우리의 사고를 역전시키고 겉모습을 넘어서 진정한 실재를 보게 만드는 많은 양상들이 모두 기적들임을 학생들로 하여금 배우고 받아들이게 하는 것이 a course in miracles의 주요한 목표라는 것에 동의한다면 왜 '기적수업'이라는 현재의 번역이 달라져야 하는 이유에 대해서 수긍할 수 있을 것이다.

이런 맥락에서, 앞으로는 '기적수업' 대신 '기적들이란 무엇인가에 대한 수업'이 책의 제목이 되어야 한다고 제안한다. 혹은 최소한 '기적들에 대한 수업'이라고 고쳐야 할 것이다.

한국어로 번역된 '기적수업'이라는 제목이 주는, 보다 쉽게 자신(이 자신은 물론 '진아'가 아닌 '가짜 자기'이다.)의 목적을 이루는 데 도움이 되는 초자연적 사건들을 일으키는 방법들을 가르치는 수업일 것이라는 암시나 뉘앙스를 예방하는 것에도 도움이 될 듯 보인다. 개인적으로는 필자에게도 그랬듯 이런 뉘앙스 덕분에 기적수업에 관심을 가지는 시기가 몇 년 늦어질 수도 있을 사람들을 생각하면 더욱 그렇다.

3) 아이비리그 제품의 신뢰도
- 콜롬비아 의대 교수와 콜롬비아 의대 부속병원의 심리학자인 저자들

과학기술과 학계의 업적이나 학술적 성취라는 면에서 최정상급 수준을 자랑하는 미국에서도 아이비리그 대학들(하버드, 예일, 브라운, 다트머스, 콜롬비아, 프린스턴, 코넬, 유펜)은 가장 존경받고 인정받는 지적탐구의 기관들이라고 부를 수 있다.

이런 곳에서 공부하도록 허가받는 학생들의 수준이 얼마나 높은지는 다시 설명할 필요가 없을 정도이다. 더구나 이런 대학들에서 가르치는 교수들과 연구원들의 수준, 특히 이들 대학의 의과대학원의 부속병원들의 의사들, 교수들, 그리고 연구원들의 수준에 대한 평가는 소위 '세계 최고의 수준'이라는 표현을 써도 크게 과장은 아니라고 할 수 있다.

어려서부터 얼마나 성실하고 영민하게 학업과 기타 과외활동을 하고 그 수준을 유지하고 발전시켜야만 아이비리그 대학과 전문대학원에서 공부할 수 있고, 그 기관들의 부속병원에서 일자리를 가질 수 있는지는 여러 사람들이 증언한다.

딸이 아이비리그에서 학부와 의과대학원을 마치고 하버드대 의대의 부속 병원인 매사추세츠 종합병원에서 의사로 일하고 있기에 필자도 비교적 잘 알고 있다. 필자도 미국에서 신학과 종교학을 가르치는 대학원들과 로스쿨에서 공부를 마치고 캘리포니아에서 설교자와 변호사로 일했었기에, 미국 사회에서 아이비리그 출신이라는 것이 가지는 무게와 신뢰의 정도에 대해 어느 정도는 증언할 수 있다.

(필자의 이런 배경은 또한 기존의 종교들을 신앙하는 종교인들이 얼마나 간절히 자신들의 신앙에 대한 새로운 시각과 보다 참신한 이해를 필요로 하는지에 대해서도 증언할 수 있게 해 준다.)

예수라고 자신을 밝힌 내면의 소리가 기적수업을 받아서 기록하라고 맡긴 헬렌 슈크만(Helen Schuman)이나, 그녀와 함께 필사본을 타이핑하고 책으로 편집한 빌 테트포드(William Thetford)는 둘 다 아이비리그인 콜롬비아 의과대학원에 적을 두고 부속병원에서 일하던 교수이자 심리학자 및 연구원이었다.

미국 사회뿐만 아니라, 전 세계에서 기적수업에 대해서 비록 아직은 이해를 깊이 하거나 연구를 본격적으로 하지는 못하더라도 그 영적 가치와 의미에 대해서는 존중을 보내는 것은 그 내용의 탁월함과 특징적인 선명함 때문만이 아니고 헬렌과 빌이 아이비리그에서 연구하는 학자들이었음에 대한 신뢰도 작용한 결과로 보인다.

(물론 기적수업 출간을 통해서 헬렌과 빌이 주류 동료 학자들의 지각과 사고체계와 관련해서 어떤 충격을 주었는가와 학자들의 공동체에서 어떤 손해를 감수했는지는 별도의 문제이긴 하다. 단 그들은 기적수업 출간 이후에도 자연스러운 은퇴 연령까지 교수직을 유지했다.)

요컨대 다루어지는 주제들과 내용의 선명함, 포괄성, 통일성, 정확성, 간결성, 폭과 깊이 등에서 또 우리의 동시대인이 출간했다는 의미에서 그리고 그 출간에 관여한 사람들이 세계적으로 신뢰를 인정받는 수준의 과학자들이었다는 점에서 기적수업은 인류에게 주어진 최고로 신뢰할 만한 영적인 문헌 중의 하나라고 할 수 있다.

2

기적수업을(기적수업의 속죄를) 가르치도록
초대받은 자의 특징

1) 지금은 극단적이어야 할 때

사고체계들에 대한 충성의 극단적인 보기인 자들과 충성을 위한 능력이 계발되어 있는 자들이 그 충성에 대한 가능성 때문에 기적수업을 공부하고 가르치도록(속죄를 가르치도록) 선택되었다고 예수는 설명한다.

> **텍스트 6:3** 너희가 속죄를 가르치도록 선택된 이유를 정확히 말하자면, 너희가 그동안 자신의 사고체계에 충성하는 극단적인 본보기였으며, 따라서 충성할 수 있는 능력을 개발해 두었기 때문이다.

가장 으뜸의 가르침이라는 뜻을 가진 종교도 항상 혁신을 외치면서 시작했지만, 극단적인 전복과 과격한 역전을 부담스러워하는 인간의 생리로 단지 계몽하는 수준으로 퇴보하다가 마침내는 사람들에게 버림받아 왔다.

이제 우리는 전복과 역전을 두려워하지 말아야 한다. 이제는 배움과 실천에서 극단적이어야 할 때이다. 극단의 역전도 불사하겠다는 각오로 기적과 용서와 속죄와 치유를 가르치고 배워야 한다.

2) 이제는 뭘 하지?

Enjoy happiness, joy and peace.
(Smile more frequently with serene forehead and quiet eyes.)
Forgive and save the world.

기적수업을 공부하고 속죄를 받아들이고 용서하기를 우리의 삶의 원칙으로 만들겠다는 선택을 한 우리의 인생은 기본적으로 분노와 원망과 비교와 판단과 공격과 복수의 삶에서 기쁨과 행복과 평화의 삶으로 역전되었다(선택과 그 효과는 '영원'에서 즉각 일어나지만 '시간 안'에서 인식하게 되기까지는 그야말로 '시간'이 걸린다).

이 역전된 삶은 마치 사도 바울이 갈라디아 교회의 교인들에게 한 신앙고백(갈라디아서 2:20 그런즉 이제는 내가 산 것이 아니요 오직 내 안에 그리스도께서 사신 것이라)에 나타나는 것처럼, 내 안의 가짜 나/왜소한 나의 경험이란 아무것도 아님을 아는 매우 근본적인 평화의 삶이다. 그리고 이런 평화에 도달하는 것이 '배움'의 정해진 결말이다(워크북 353:1 이와 같이 배움은 정해진 결말에 거의 도착했다).

그런 평화 안에서 우리가 이제부터 할 일은 역시 상당한 심지어 때로는 극단적이기까지 한 역전을 포함한다. 우리는 사회와 학교와 동료들과 종교의 사제들에게서 배웠던 내용의 상당 부분을 전복적인 새로운 시각으로 항상 바라보기 시작한다. 사랑이나 평화나 기쁨처럼 도달하기에 너무나 요원해보여서 가장 '환상적'이라는 수식어로 불리던 것들이 사실은 변함없는 실재이고, 너무나 끔찍하다고 믿어지던 실존의 생생한 고통들과 한계들이 오히려 꿈속의 환상이라는 엄청난 역전을 먼저 받아들이고서….

그런 새로운 시각은 풍부한 영성이나 상근기가 갖추어질 때에야 비로소 우리가 성령의 목소리를 따라서 환상을 용서하는 것이 가능해지는 것이 아님을 알려 준다. 우리가 가진 어떤 것이나 애써 획득하게 된 어떤 것이 우리를 용서할 수 있게 되는 수준으로 이끄는 것이 아니라, 거꾸로 우리의 용시의 선택이 우리 영성을 풍부하게 만들고 우리 내면의 신성을 보여 주며 우리가 상근기의 사람들이었음을 확인시켜 준다.

이것은 우리가 하는 거룩한 행위가 우리를 거룩하게 만드는 것이 아니라 본래 있던 우리의 거룩함이 발현되어서 우리가 하는 행위를 거룩한 것으로 만든다고 하는, 역시 매우 전복적인 발상으로 특징지어지는 기독교 신비주의의 지적과 같다. 거룩한 자가 거룩한 행위를 하는 것이지 거룩한 행위를 하는 것이 그 행위자를 거룩하게 만드는 것이 아니란 것이다.

이런 의미에서 볼 때 침묵이 가장 위대한 찬양이고 기도가 가장 위대한 행동이라는, 기독교 신비주의의 전복적 사고가 우리에게 주어진 가장 수준 높은 가르침인지도 모른다.

나는 누구인가라는 질문에 대한 기적수업의 답은 누차 강조되었다. 우리는 몸이 아니다. 우리는 모든 한계들에서 자유로운 하느님의 거룩한 아들로서 안전하고 치유되었고 온전한 자이다. 여전히 하느님이 창조하신 그대로이고 자유롭게 용서하고 자유롭게 세상을 구할 수 있다.

워크북 특별주제 14 나는 무엇인가?(What am I?)

1. **나는 하느님의 아들이다. 나는 완전하고 치유되었고 온전하며,** 하느님의 사랑을 반영하여 빛난다. 나는 하느님의 **거룩한 죄 없음 자체다.**

2. **우리는 구원을 가져다주는 자들이다.** 우리는 **세상의 구원자로서의 우리의 역할**을 받아들이며, 세상은 우리의 공동의 용서를 통해 구원된다. 우리는 세상에게 이러한 **선물을 주며, 그 결과 그것이 우리에게 주어진다.** 우리가 우리의 역할을 다했을 때, 앎이 돌아올 것이다.

3. 우리의 눈을 통해 그리스도의 비전은 죄의 생각에서 완전히 해방된 세상을 본다.

4. 우리는 **하느님의 거룩한 메신저들**이다. 우리는 하느님을 대신해 말하며, 하느님이 우리에게 보내신 모든 이에게 그의 **말씀을 전하면서, 그것이 우리 가슴에 새겨져 있음을 배운다.**

우리는 세상에서 우리가 차지할 수 있는 모든 왜소한 것들(the little things)이 최대로 혹은 충분히 쌓였을 때 마치 우리가 죽지 않고 영원히 살 수 있는 듯, 혹은 못하는 것이 아무것도 없을 만큼 부유하고 강력한 듯 소위 '신인 척하기(to play God)' 놀이를 하곤 한다. 불로초를 찾으라 했던 진시황이나 이 세상을 넘어 영원히 살고 싶어서 피라미드를 지었던 파라오들의 예가 아니라도 영원함이나 전능함을 마음 한구석에서 갈망하는 우리의 모습은 역사와 현실의 도처에 발견된다.

이것이 보여 주는 것은 단지 자신이 잊어버리고 있는 천국의 영원함과 하느님과의 일체성(oneness)을 회복하기를 우리가 얼마나 간절히 원하고 있는 가이다. 우리 마음은 다시 영에게로 회복되기를 갈망한다. 그 무엇보다도 먼저. 어려서 부모와 헤어졌던 자식이 아버지 집을 항상 그리워하는 것이기에 자연스럽지만, 찾을 방도를 전혀 모르고 있어서 애처롭기도 하다.

그렇다면 구원과 용서와 치유와 속죄와 영으로의 회복의 비밀을 알아낸 우리가 세상에 머무는 동안 할 일은 명백하다.

영인 우리가 실제가 아니라 가짜인 세상에 살고 있다. 여기서 우리가 할 일은 용서하고 세상을 구하는 것뿐이다(free to forgive, free to save the world 워크북 97:9).

그게 다이다. 세상을 실재로 믿고 바꾸려 하거나 세상이 모든 것인 듯 그 안에서 거머쥐고 즐기는 것이 목표가 되어서는 안 된다. 자신이 먼저 용서를 통해 완전히 깨어나서 아직도 악몽이 실제라고 믿고서 고통스러워하는 꿈속의 형제들을 깨어나도록 돕는 것이 유일한 기능이자 할 일이다.

이것이 하느님의 뜻이기에 또한 우리의 진정한 의지는 하느님의 그것과 다르지 않기에 우리의 평화는 여기에 달려 있을 것이다.

워크북 346:1 저는 **당신의 사랑 외에 모든 것을 잊고자** 합니다. 당신 안에 머물러 살면서, 당신 사랑의 법칙만을 알고자 합니다. 또한 당신과 저의 영광을 바라보면서, 제가 만든 어리석은 **장난감들을 전부 잊고서** 당신이 아들을 위해 창조하신 **평화를 발견하고자** 합니다.

────── 3 ──────

수업을 공부하기 전에 답해야 할 2개의 질문

당신은 행복하고 기쁘고 평화로운가요?

복음도 아미타불도 죄책감을 없애거나 자유, 기쁨, 행복, 평화를 주지 못하나요?

우리의 인생 경험에 비추어볼 때 첫 번째 질문에 누구나가 "그렇다."라는 답을 할 것이라고 기대하기는 어렵다. 두 번째 질문에는, 그나마 '큰 가르침'이란 의미를 가진 '종교'라면 행복과 평화를 얻는 방법을 알려 줄 것이라고 기대했었던 현재의 많은 종교인들로부터 당장 긍정적인 내용의 답은 들을 수 없더라도 최소한 상당한 관심을 불러일으킬 수는 있을 것이다.

그러므로 이 책의 의도는 기쁨 행복 평화를 갈망하는 모든 인간에게 조그마한 도움이라도 제공하는 것이다. 특히 지금의 주류 종교들에서 사람들이 한때는 기대했던 희망을 더 이상 간직하고 있지 못한 사람들을 위한 한 대안의 제시이다.

약간 욕심을 부려서 보다 구체적으로 기적수업의 학생 후보를 정의해 보자면,

- 가치관의 전복, 기존 믿음 체계의 해체, 세상의 본질과 현상에 대한 파격적 이해를 원하는 사람

- 자연히 현 기독교 위주의 가치관과 세상의 특히 서구의 과학적, 분석적 가치관에 경도된 현재의 가치체계와 사고체계들에 만족하지 못하는 사람 (이 점과 관련해서 필자는 문학과 신학을 전공하고, 다른 종교들 연구를 포함하는 종교학으로 관점을 넓혀서 더 공부한 후에, 객관적인 사회의 관점을 익히려는 목적으로 법학까지 공부하고 나서 설교자, 변호사, 사업가로 일한 경험을 가지고 있다. 이러한 경험을 통해서 이런 사람들이 얼마나 많은지와 그들이 어떤 안타까움 속에서 교회에서 혹은 자신의 각자의 신앙에서 점차 멀어지게 되었는지를 비교적 잘 알고 있다.)

- 현재 자기가 속한 사회의 주류의 지각체계, 인식체계, 상징들이 불편한 사람 - 기존의 체계와 믿음으로는 더 이상 사회를 건강하게 안전하게 지지할 힘이 없다고 생각하는 사람

- 우리가 기쁘고, 행복하고, 평화롭지 못한 실존적 문제에 대한 해답을 찾으려는 과정에서 무언가 지금의 방법들과 다른 길이 있음에 틀림이 없다고 생각하는 사람

- 하고 싶은 일이 여전히 많은 청년과 중년보다는 이제는 삶을 한 박자 쉬

면서 되돌아보거나 내면을 탐구하고픈 필요를 느끼는 사람

• 다른 어떤 것보다도 진리를 원하거나 내면의 지속적인 기쁨 평화 행복
을 원하는 사람 등이라 하겠다.

1) 나는 행복하고 기쁘고 평화로운가?

우리의 모든 행동은 기실 마음에서 나오고 마음으로 향하고 있기에 우리
는 무엇인가를 하거나 얻으려 할 때 궁극적으로는 마음의 행복(기쁨, 평화)
이라는 상태를 원하고 있다. 남이야 무어라 하건 간에 비범함을 추구하거나
무엇인가에 집착하는 것도 마음의 행복을 바로 거기에서 찾기 때문이다. 그
래서 어떤 사람은 돈이 많아도 극도로 아껴 쓰고 또 다른 사람은 무일푼이지
만 빌려서라도 흥청망청 쓰려고 한다. 그래야 마음에서 행복을 느끼기 때문
이다.

다른 사람이 보기에 혹은 겉으로는 선해 보이든 악해 보이든, 또는 지혜로
워 보이든 어리석어 보이든 간에, 우리의 모든 도모함과 영위함은 마음의 행
복(기쁨, 평화)을 위한 것이다. 설령 그것이 전쟁과 살육이거나 몹시 위험한
일일지라도 그것을 하는 이유는 그로 인해 우리 **마음이 행복할 것이라고 믿
기 때문**이다(예를 들자면, 복수가 주는 행복; 맹목적인 애국이 주는 행복 등).

평범한 일을 열심히 하거나 어떤 일을 굳이 피하는 이유도 마찬가지로 그
렇게 함으로써 대세에 따라 사는 것이 주는 행복, 다른 사람들의 기대에 부응
하는 데서 오는 행복, 자신의 믿음 체계와 가치체계에 충실함이 가져다주는

행복을 느끼고 싶어서이다.

물론 그 가치체계는 대부분의 경우에 그 사람이 속한 사회와 그 사회의 교육이 가르친 것이라는 의미에서 결여를 두려워하고 풍요와 특별함을 원하며, 지식과 과학적 분석을 가치 있게 여기고, 진보와 발전을 선한 것으로 여기고 목표로 삼는가 하면 건강과 장수를 추구하고 명예와 권력을 귀하게 여기는 문화적 요소들을 포함할 가능성이 클 것이다.

시대와 문화적 환경에 따라서 원하는 것이 약간씩 다르더라도 이렇게 모든 사람은 저마다의 행복을 추구한다는 사실은 참이라고 할 수 있을 것이다. 물론 이런 행복은 외부의 여건과 사람의 개인적 조건의 변동에 따라서 변화할 수밖에 없고, 조건이 바뀌면 감소하거나 사라질 수밖에 없는 취약성을 지닌 것도 사실이다.

그런데 '기적들이란 무엇인가에 관한 수업'과 관련해서는 시간이 지나도 개인의 여러 가지 여건이 바뀌어도 전혀 변하지 않는 행복, 평화, 기쁨에 대해서 가르친다는 점을 기억할 필요가 있다.

◆ 기적수업이 묘사하는 평화(행복, 기쁨)의 상태
- 결여 없음, 복수심 없음, 두려움 없음, 죄책감 없음
- 판단과 분노 없음, 공격과 원망과 비교 없음
- 질병으로 고통스럽지 않음
- 조금의 한숨이나 찡그림이나 불편함도 없음(워크북 167:2 천국의 총체성)
- 근심, 걱정, 불안 없이 오직 완벽하게 고요하고 조용함(텍스트 15:1)

- 사랑하고 만족해 한다(워크북 40:4)
- 평온하고 조용하며 당당하고 확신에 차 있다(워크북 40:6)

이런 수준의 평화, 신약(요한복음 14:27)에서 '내가 평화를 주노니 이 평화는 세상이 주는 것과 같지 아니하다.'라고 예수가 묘사한 수준의 평화가 기적수업이 진정한 평화로 인정하는 평화이다. 같은 맥락에서 수업에서 말하는 행복과 기쁨도 외부의 여건이 아무리 불리하게 변할지라도 **전혀 변하지 않는** 행복과 기쁨이다.

이런 수준의 행복이 없는 이유는 우리가 **스스로를 몸이라 믿기 때문**이다. 우리의 본래의 정체인 **'영'에서 분리되었다고 믿고 몸을 만들어 낸 우리의 '마음'을 '에고'라고 부른다.** 에고(또는 마음의 '에고' 부분)가 믿었던 분리 때문에 몸이 생겨났고 몸을 자신이라 믿기 때문에 변함없는 행복, 기쁨, 평화는 우리 마음에 불가능한 것이다.

또 다른 이유는 몸이 느끼지 않을 수 없는 결핍감 때문이라고 할 수 있는데, 이 결핍감은 근본적으로 분리의 산물이지만 동시에 분리의 증거와 도구로도 쓰이는 몸에 항상 동반되는 것이다. 결국 마음이 '분리'를 믿고 영에서 떨어져서 몸을 만든 이유인 두려움, 즉 죄책감이 우리의 행복, 기쁨, 평화가 영원할 수 없는 이유라고 할 수 있다.

몸과 몸이 느끼는 결핍과 두려움이 우리로 하여금 늘 무엇인가가 희생되어야 죄책감을 포함해서 모든 것이 바로 잡히기 시작할 것이라고 믿게 만드는가 하면, 무엇인가 열심히 분주히 계획하고 애써서 성취해 내어야만 두려움을 이길 수 있다고 믿게 만든다. 그러나 정작 몸과 결핍감과 두려움이 가져오는 것은 공히 복수하는 세상을 믿게 하고 공격생각을 불러일으키는 것이다.

다르게 말하자면 **우리의 정체는 몸이 아니고 영(Spirit)**임에도 불구하고 스스로를 생로병사에서 벗어날 수 없는 몸이라고 믿고 그 몸의 지각과 요구에 반응하는 것이 현재 우리가 곤경에 처해 있는 이유이다.

◆ **우리가 몸이라는 믿음이 낳는 결과들:** 판단 분노 공격 방어 복수 비교 원망 질병
  → 이것들은 환상의 유지, 강화, 방어, 신화와 정당성 제공을 위한 기제들(공격, 방어, 판단)과 결과들(비교, 원망, 분노)이라는 것을 알 수 있다.

◆ **우리가 영이라는 믿음의 열매들:** 치유, 속죄, 구원, 기적, 자유, 온전함, 용서, 모든 한계로부터의 자유, 세상의 구원

일체성 못 느끼는 몸
온전성 못 느끼게 하는 죄책감과 특별성
동등성 못 느끼게 하는 분리에 대한 믿음
vs.
몸, 죄책감, 특별성, 분리에 대한 믿음이 사라졌을 때의 치유 기적 용서 자유 온전함이 자신을 몸이라고 믿느냐 영이라고 믿느냐의 차이이다.

워크북 96:5 영은 자신의 **자기표현을** 찾는 수단으로 마음을 이용한

다(Spirit makes use of mind to find its Self-expression).

워크북 96:4 만약 네가 영이라면 몸은 너의 실재에 아무런 의미가 없음에 틀림없다(If you are Spirit, then the body must be meaningless to your reality).

워크북 96:6 영으로부터 떨어진 마음은 생각할 수가 없다. 자신의 힘의 근원을 부인했고 자신을 아무 도움도 받지 못하고, 한계지어지고 약하다고 본다. 이제 자기의 기능에서 떨어져 나와서 **마음은 자신이 혼자이고 분리되었으며,** 자신에 대항해서 몰려든 군대에게 공격받아서 **몸이 제공하는 허약한 지지 속에 숨어 있다고 생각**한다.

　자신은 몸이 아니고 하느님이 창조하신 그대로의 자유로운 영임을 망각한 것이 문제의 시작인 것이다. 그래서 기적수업은 가장 중요한 만트라(mantra)로 "나는 몸이 아니다. 나는 하느님이 창조하신 그대로이다."를 제안한다.

　완벽한 사랑이 무엇인지 또 우리 자신이 왜 그런 사랑인지를 가르쳐 주는 것이 기적수업의 가장 중요한 목표라고 할 수 있다. 수업은 이 목표를 이루기 위해서 우리가 몸이라는 믿음을 전제로 하는 여러 가지 개념들을 익히고 아이디어들을 배우게 한다.

　이런 배움을 통해서 우리는 원래는 우리가 영이었음과, 마음이 분리를 믿기 전에는 하나이었음과, 하나였을 때는 지금처럼 제한적인 삶의 조건들과 한계에서 자유로웠음을 이해하고 받아들이도록 초청받는다.

'영'은 '마음'을 자기표현의 수단으로 사용하는데 그 마음이 극히 짧은 순간 믿었던 단 하나의 잘못인 '우리는 신과 형제로부터 분리되었다.'는 틀린 생각으로 인해서 죄책감과 두려움 속에서 '영'에서 떨어져 나와 '몸'을 만들었고, 그 '몸'을 우리 자신의 정체로 잘못 믿었던 우리 '마음'의 생각이 현재 우리의 모든 곤경의 출발이었음을 알게 되는 것이다.

기적수업은 물론 이런 과정을 거꾸로 계단을 밟아 올라가서 **'마음'이 '영'에게로 회복되는 방법을 알려 준다**(워크북 330:1). 그 방법(사고의 역전을 통해서 환상들을 용서하기)을 배워서 변화하려는 용의를 내고 다시 선택함으로써 우리는 우리의 참된 정체는 몸이 아니고 '영'이자 '사랑'임을 확인하고 변함없는 행복(그리고 기쁨과 평화)를 누릴 수 있는 것이다.

이때 돌아가서 회복되는 사건 즉 구원이자 해탈이며 신과의 합일이자 실재로의 귀환인 사건을 막으려고 실재를 가리고 **여정을 지체시키는 방해물(장애물)**이 등장한다.

마치 암 환자의 몸에 항암제가 투여되면 살아남기 위해서 신속히 그 항암제의 효과를 무력화시키는 작업을 시작하는 암세포처럼 영과 떨어진 우리 마음, 즉 에고는 우리가 속죄를 받아들여서 영에게로 회복되지 못하도록 장애물을 심는 것이다. 기적수업이 가르치는 주요 내용은 이런 장애물들을 파악하고 어떻게 피해서 다시 우리 마음이 영에게로 돌아갈 수 있는지에 관한 것이라고 할 수 있다.

이 장애물들은 몸이 자신의 무대로 여기는 **세상 시간/공간 환상 꿈 과거**

등의 장치들이다. 이 장치들의 산물이 바로 판단 분노 공격 비교 원망과 같은 다양한 욕망들이고, 이런 장치들을 있을 수 있게 하고 또 운영하기도 하는 마음의 소프트웨어의 가장 기본적인 코드가 두려움 결핍감 특별성의 추구 죄책감 등이라고 이해할 수 있다.

이 장애물들을 가장 간단하게 요약해서 부른다면 **'환상' 혹은 '실재가 아닌 것' 또는 '아무것도 아닌 것(nothing)'**이라고 할 수 있다. 모든 장애물들, 즉 환상의 모든 국면들은 하느님의 선물을 감추는 것이고(환상), 진정한 자아를 숨기는 것이며(꿈), 진리에 거짓으로 보태어진 것이며(환상), 또 실재세상을 가리려고 만들어진 것이다(과거).

그리고 이 장애물인 환상들을 용서하는 것이 마음이 영에로 회복되는 비결인데 그 용서는 현재 **'속은 상태'에 있기에 제대로 볼 수가 없는 우리의 지각을 전복시켜서 사고의 역전이 일어날 때 혹은 최소한 전복/역전의 필요를 이해하게 되었을 때** 가능한 것이다. 물론 사고역전을 출발점으로 용서가 일어나지만 용서하는 것 자체가 사고역전(의 완성)이라고도 할 수 있다.

> **워크북 특별주제 12:4 실재를 안다는 것**은 에고와 에고의 생각들, 에고가 벌여 놓은 일들, 에고의 행위들, 에고의 법칙들과 믿음들, 에고의 꿈들과 희망들, 에고가 자신의 구원을 위해 세워 놓은 계획들, 그리고 에고에 대한 믿음에 수반되는 비용을 **전혀 보지 않는 것**이다.

여기 나오는 '전혀 보지 않는 것'이 용서의 성질이다. 사랑, 진리, 만물의 참된 정체 등의 실재만 보고 나머지는 '보지 않는 것'이 용서인 것이다. 기적수업에서는 이렇게 '보지 않는 것'을 '용서하다'라는 용어 이외에도 간과하다, 놓아 주다 등으로 표현하고 있다.

2) 복음도 아미타불도 죄책감을 없애지 못하고 자유, 기쁨, 행복과 평화를 주지 못하는 이유는?

◆ 값싼 복음으로 전락한 성서와 종교의 경전들

→ 사회를 걱정하던 교회가 힘과 빛을 잃고서 이제는 오히려 사회가 교회를 걱정하는 현실로 복음(경전)은 진리와 해방의 소식보다는 값싼 주술적 속성의 기도문(염불) 수준으로 전락하고 말았다.

◆ 기복적 신앙

→ 세상에서의 건강과 번영과 영광만이 훌륭한 신앙의 척도로 사용되는 현실이 되었다.

◆ 천국에 가려는/성불하려는 노력의 역설적 오류를 지적하는 기적수업
"하느님은 헌물과 예배를 즐거워할 에고가 없으시다."

→ 전지전능한 그리고 사랑인 신(붓다, 브라만, 절대자, 창조주)이 존재한다면 있을 수 없는 조건하에서, 즉 매일의 삶이 행복하지 않은 여건하에서 종교와 사제들의 도움을 얻지 못한 채로 우리들이 살고 있다는 부조리함이라는 문제에 우리는 봉착해 있다.

→ "There must be another way!"(다른 길이 있어야만 해!)

→ 기적수업 필사자인 헬렌 슈크만의 외침이었던 이러한 각성 내지 알아차림이 우리 사회에서의 종교의 현실 그리고 개인적 신앙의 비평과 관련해

서 있어야 한다. 실제로 개인적 삶의 극심한 혼란 속에서 생겨났던, 헬렌의 각성과 외침이 기적수업이 필사되도록 예수라고 스스로를 밝힌 목소리가 수업을 불러서 전달하기 시작했던 배경이다.

여기서 다른 길이라 함은 비주류 사고의 길, 전복된 가치의 길, 역전된 사고의 결과인 길, 성서에 나오는 '기이한' 길이다.

(욥기 5:9 하나님은 헤아릴 수 없이 **놀라운 일**을 행하시며 **기이한 일**을 셀 수 없이 행하시나니 **He performs wonders** that cannot be fathomed, **miracles** that cannot be counted)

4

수업이 목표로 하는 역전(지각과 사고의 역전)이란?
- 기독교적인, 더없이 기독교적인!

워크북 328:1 두 번째 자리처럼 보이는 것이 첫 번째 자리이다. 우리
가 하느님의 음성에 귀 기울이기 전에는, 우리가 **지각하는 모든 것
은 뒤집혀 있기 때문**이다.

기적수업이 그 목표로 삼는 사고역전의 궁극적 지점은 우리는 누구인가
라는 정체성의 질문에 대한 대답과 관련된 것이다. 너무나 당연하게 받아들
이고 있던 '우리는 몸'이라고 하는 정체성을 전복시키는 것이 바로 그 지점이
다. 이런 과정을 통해서 수업이 제시하는 우리의 진정한 정체는 '몸이 아니라
영인 존재', '거룩한 존재', '하느님과 다르지 않은 신성의 존재'이다.

그러나 이런 존재인 우리가 시간 안에서는 '왜소함'(littleness: 왜소함, 하찮
음, 혹은 너무나 보잘것없음의 의미)안에 속박되어 있다. 기적수업에서 예수
가 우리를 향해서 종종 말하는 "그것은 너의 이해 너머에 있다(It is beyond
your understanding. 텍스트 22:23)."나 "하느님의 거룩한 목적은 너의 왜소
한 범위 너머에 있다(Holy purpose stands beyond your little range. 워크북

29:3).”와 같은 표현들에서 유추할 수 있는 점이다.

지각하는 모든 것은 뒤집혀 있다는 아이디어에서 출발한 것으로서 수업의 학생들에게 목표로 설정되는 지각과 사고의 역전과 역설은 사실은 기독교인에게는 신앙의 핵심적 구조이다. “가장 낮은 자인 죄인으로 십자가 위에서 죽은 예수를 하느님이 가장 영광스럽게 다시 살리셨다.”는 초기 교회 교인들의 신앙고백이나 세례라는 중요한 예식의 의미(씻어냄, 과거의 청산, 새 정체성 얻음)는 그 역전된 사고의 구조를 선명하게 보여 준다. 이런 맥락에서 볼 때, 다시 한번 사고체계의 역전을 촉구하는 기적수업은 기독교에 대한 비평이시만 너 없이 기독교적이다.

사람들이 보기에 가장 나중 된 자, 꼴찌였던 예수가 가장 귀한 존재, 하느님이 부활시키실 만큼 중요한 자인 첫째, 하느님의 아들로 선언되고 대책이 전혀 없어 보이는 죄인이 씻어지고 죄가 청산되며 하느님 앞에서 ‘의롭다’는 새로운 정체성을 부여받는다.

(대승불교에서도 ‘색즉시공 공즉시색’이나 ‘진공묘유(참으로 비었지만 신묘하게 무엇이 있다)’, ‘원리전도몽상 구경열반(뒤집어지고 꿈속의 것인 상에서 떨어져서 열반의 지경에 도달한다. 반야심경)’처럼 진리, 공 혹은 열반에 도달하는 과정에서의 역전과 역설이 강조된다.)

이러한 역전을 통한 ‘궁극적 진리 제시’는 “가장 초라한 십자가의 **굴욕이** 최종적으로는 영광스러운 그리스도의 **신성을 보여 준다.**”라는 기독교의 선언에 잘 요약되어 있다.

◆ 전복시킬 믿음들:

1) 나는 알 만큼 안다 - 지식의 범람, 과학적/분석적 지식의 문제점

2) 나는 필요한 것이 많다 - 결핍의 신화, 경제적 법칙은 몸에 관한 것으로 '몸 정체성'의 문제점을 노출한다.

   (소위 '필요'라고 믿는 것 중에 얼마나 많은 부분이 오직 주변과의 비교에 의한 것인가? 에고는 글자 그대로 비교에 의해서 산다(The ego literally lives by comparisons). 텍스트 4:32)

3) 나는 무엇인가 해야만 한다 (생각과 판단에 이은 실행 없이는 멸종된다는 믿음) - 유위와 진보에 대한 믿음의 문제점: 선악과 사건 이후의 저주 ("너희는 이제 땀을 흘려야 먹을 수 있다.")에서 시작의 근거이론이 발견된다.

   매일 매주 매월 매년 해내어야 할 일 중심의 현대인의 실존적 인생 이해와 설계의 오류가 보인다.

   "일하기 싫은 자는 먹지도 말라." 사도바울의 신학, 실제로 tent-making을 했던 사도 바울의 가르침이 주류 사고가 되었지만 일하고 싶어도 일할 수 없거나 일해도 최저생활이 보장되지 않는 구조적인 사회문제가 발생하게 되었다.

   "세상을 지배하고 경작해서 번성하라."는 창세기 명령이 초기 근거들 중 하나이다.

   진보를 위한 주변 파괴와 지속 가능한 성장 이슈가 생겨났다.

   맹목적인 유위나 습관적인 유위가 가져오는 보다 깊고 반향이 큰 문제들이 늘 생긴다(Keeping up with the Joneses (이웃들과 진도를 맞추기)가 유위의 목표일 때; Peer Pressure (동료가 주는 압력)의 대처가 일하는 것의 이유이거나, 진정한 필요나 기쁨을 위해서가 아니라 Going with the main stream (흐름과 함께 가기)을 위해 진보와 일하기를 택할 때).

4) 나는 실재인 세상에 살고 있다 - '세상은 없다'는 기적수업의 중심 사고의 반대

5) 나는 몸이다(죄책감과 죽음) - 돈, 옷, 음식, 집, 명예, 쾌락, 권력 추구의 시사점은 우리가 '몸'을 자신의 정체로 본다는 것이다.

몸의 즐거움과 편안함을 위하지 않는 어떤 생각도 행동도 우리는 하지 않는다.

◆ 역전된 가치관들:

1) 당신은 하잖은 존재가 아니다. 오히려 거룩하며 권능과 영광의 존재이다(당신의 겉모습이나 사회적 위치에 상관없이).

→ 예수의 모델: 죄인으로 취급되어 가장 심한 굴욕을 겪은 예수가 신의 아들이자 곧 신이었다.

기적수업 모델: 죄인이라는 믿음과 죄책감에 붙잡혀서 기쁨, 평화를 잃고 행복에서 멀어진 당신이 바로 거룩한 존재(죄 없고, 권능과 영광이 주어졌으며, 신성을 갖추고, 신과 하나인 존재)이다.

2) 나는 내가 주는 것을 받는다(줄 때만 받을 수 있다. 소유하기 위해서는 모두에게 모든 것을 주라. 성령의 첫 번째 레슨).

→ 혼자서 선택해야 하는 유일한 단계이지만 오히려 선택 후에는 혼자서가 아니라 도움이 있는 단계이다.

대부분 자신의 가치관이 뒤집히는 충격으로 인해 성공적인 역전이 일어나기 전에 포기하는 단계이기도 하다.

3) 주는 것만 진정한 나의 것이다(지금 외견상의 나의 소유는 내 것이 아니다. 진정으로 나의 것이라야 줄 수 있다).

4) 형제를 용서할 때만 내가 용서받는다.

5) 나의 원수가 나의 구원자이다.

6) 나는 내가 가르치는 것만 배울 수 있다.

7) 모두에게 모든 것을 주는 것이 소유하는 것이다.

8) 오직 신과 그의 나라에만 집중하라. - 다른 것은 가치가 없는 가짜/환상 이다.

9) 내가 남에게 주는 용서가 거꾸로 돌아와서 내게로 주어진다(용서할 때 용서받는다).

10) 우리는 가장 잘한 일을 제일 후회하고, 가장 큰 실패를 제일 흐뭇해한다.

11) 몸의 눈으로 볼 때 있는 것으로 보이는 것, 즉 지각되는 것은 오히려 환 상, 무이다.

12) 지각 너머의 것, 보이지 않는 것이야말로 실재이다.

13) 몸의 눈은 볼 수 없고 지각은 볼 능력이 없으며 비전은 보이는 것 너머 를 보는 것이다.

14) 공격은 나약함을 가릴 수 없다(텍스트 23:1).

15) 나는 뒤로 물러나 하느님이 길을 인도하시게 하겠다(워크북 155).

16) 저는 그저 따를 뿐이니, 이끌려고 하지 않기 때문입니다(워크북 324).

17) 나는 아무것도 모른다.

18) 나는 아무것도 필요 없다.

19) 나는 아무것도 할 필요가 없다.

20) 나는 몸이 아니다. - 한 번도 의심하지 않고 너무나 자연스럽게 당연한 전제로 여겼던 믿음인 "나는 몸이다."의 전복.

21) 세상은 없다. - "나는 실재인 세상에 살고 있다."라는 가장 기본적 전제 의 전복.

22) 너의 밖에서 구하지 말라(Do not seek outside). 너는 실패할 것이고, 우상이 하나씩 무너질 때마다 울게 될 것이다. - 바깥에 지각되는 것이 실재라는 전제의 전복(바깥에 있는 것은 내가 투사한 환상일 뿐이다).

역전이란 무엇인가? 1
- 사적인 생각은 환상이고 '나'는 없다.

워크북 19:2 "It is a fact that there are no private thoughts."
(사실을 말하자면 사적인 생각이란 없다.)

텍스트 21:60 "If you are joined, how could it be that you have private thoughts?"
(너희가 결합되어 있다면 어떻게 사적인 생각을 가질 수 있겠는가?)

기적수업은 궁극적으로 용서하는 것에 관한 것이다. 이 수업에서 실재란 무엇이고 그 반면 환상이란 무엇인가라는 질문은 핵심적인 것이다. 용서란 환상을 끝내는 것이고, 환상을, 그것이 어떤 모습을 지니고 있는가와 상관없이, 모두 다 용서하라는 것이 수업의 주된 가르침이기 때문이다.

이런 이유로 환상의 경계를 규명하는 것, 즉 무엇이 환상이며 어디까지가 환상인지를 정의하는 것은 매우 긴요하고도 의미심장하다고 하겠다. 그리고 이런 맥락에서 '사적인 생각'이 환상이라는 점을 살펴보는 것은 환상의 스펙트럼과 용서의 범위를 이해하는데 있어서 충분히 가치가 있는 일일 것이다.

(물론 아무리 환상일지라도 우리를 배움으로 이끄는 용도가 환상에 있음을 부인하거나 무시할 필요는 없다.)

나의 사적인 생각, 더 넓게 잡아서 나의 모든 생각 작용은 나라는 느낌, 다른 이와 구분되는 존재로서의 나라고 하는 생각, 나라는 존재, 나라는 에너지와 불가분의 관계에 있다. 이것은 그 자체가 신뢰하기가 어려운 나만의 관점, 나만의 감각들로 한계지어지고 채색되어서 구분되는 정보로서 나의 고유한 지각의 결과물이다. 궁극적으로 내 마음 속의 나의 생각이 만들어 내는 것인 나의 행동은 더 말할 나위도 없이 그러하다.

내가 '나'라고 믿어 오고 불러온 것은 나의 '사적인(개인적인) 생각'이다.

맛있는 음식을 먹어도 개인으로서의, 사적인 내가 먹고 싶어 한다. 공부를 하거나 사업을 영위해도, 소비를 하거나 무엇인가 구상해서 만들어 내어도 내가 하는 것이고, 이웃을 위한 봉사를 해도 내가 하고 싶어 한다. 지식을 습득해서 마음의 즐거움으로 삼아도 바로 나라는 존재의 편익이 증가하는 것이다.

멋진 생각을 떠올리거나 위대한 사유를 시작하게 되는 경우라도 나의 사적인 생각을 하는 것인가 하면, 명상과 수행을 해서 내 소란스런 마음을 잠재워도 내가 해서 나의 마음을 잠재우고 싶어 하며 그 결과로서의 마음의 휴식도 사적인 생각을 하는 내가 누리려 한다.

깨달음을 얻어서 마침내 평화와 행복과 기쁨을 누려도 다른 이가 아닌 바로 나라는 사람이 그러고 싶어 한다.

내가 개인적으로 아는, 그 출신이 비천하고 하는 짓도 역겨운 직장 동료도 아니고, 나보다 늘 욕심은 많았지만 영리하진 못했던 친구도 아니며, 나보다 많은 재능과 재산을 물려받아 늘 나를 열등감에 시달리게 했던 지인도 아니라 늘 행복을 찾아서 오늘날까지 세상에서 그리고 마침내 내면을 향하여 최선의 노력으로 달려온 바로 내가 깨달음에 도달하고 싶어 한다.

이렇게 착해져도 내가 착해지고, 덜 추해져도 내가 덜 추해지고, 내가 더 영적으로 성숙해지고, 내가 영적인 마스터가 되고, 바로 내가 빛이 되고 싶어 한다.

몸의 쾌락과 물질에 대한 관심이나 집착을 넘어서 영적인 세계에 입문하더라도 그 주인공은 바로 나이고, 마침내 인류의 영적인 여행의 역사에 크나큰 족적을 남기는 거인이 되어 소위 말하는 '깨달음의 자리'에까지 가더라도 다른 누구인가가 아니라 바로 내가 그렇게 하고 싶어 한다.

그렇지만 이 모든 '나라고 하는 믿음'과 '나라는 이미지' 그리고 '나라는 생각'은 결국 공유되지 않는, 사적인 생각의 한 국면이다. 그리고 사적인 생각은 실재나 사랑처럼 공유되지 않는 것이기에 아무리 그 모습이 멋지더라도 단지 환상일 뿐이다.

기적수업에 의하면, 이러한, '나라는 생각/이미지'의 온갖 국면들은 'private thoughts(사적인 생각)'의 한 예로서 실재가 아니다.

이 '사적인 생각들(개인적인 생각들)'에는 참으로 장구한 역사가 있으니 먼저 나의 몸이라는 이 아이디어 내지 생각은 최소한 우리 우주 안에서만 세더라도 장장 178억 년 전후의 역사를 가진 것이다.

우리 우주 안에서 에너지는 불변하고 결코 잃어버려지지 않으며 모든 에너지는 정보를 가리키는 것에 지나지 않음을 기억할 때, 이런 긴 시간 동안 겪고 익히고 둘러싸이고 배웠던 내용들의 총합이자 최종 결과물인 나의 몸은 자신이 축적한 특수한 정보들에 몹시 집착하며 그것이 자기 존재의 유지와 번성에 필수적인 정보라고 믿는 것이 당연할 것이다.

(몸은 에고의 꽃이기에 몸이 유난히 살아남으려 애쓰고, 존재를 지속시키고 싶어 하는 심정은 이해할 수 있다. 그 출신이 에고이기에 몸은 더더욱 살아남으려 그래서 존재가 있는 척하려 그렇게도 안간힘이다. 실재가 아니기에 더더욱 존재에 집착하는 것이다. 자고로, 첩의 자식이 아닐진대 아버지 정에 누가 그리 굶주렸을 것인가 말이다. cf.서자 콤플렉스의 전형적인 부산물인 서자의 유난히 강한 '종족보존 본능')

다시 말해서 나의 몸은 개인적인 역사와 정보가 없이는 존재의 위협을 느끼고 결코 편하지 않을 것임은 물론이고, 어떤 행동을 하던 그 정보의 기반 위에서만 하려고 할 것임은 자연스럽다고 하겠다.

나의 사적인 생각(마음)도 마찬가지이다. 오랜 기간(아마도 우리의 몸보다도 더 긴 존재의 기간 동안) 그것이 지녀 온 특별한 생각과 처했던 고유한 여건하에서의 정보 분석을 통해서, 또 가깝게는 이번 생에서만도 출생 이래

겪어 온 인생의 갖은 사건들과 환경들에서 추출된 중요한 정보들의 영향을 받았을 것이다.

그리고 그 영향은 독특한 신념들, 판단들, 가치관들, 세계관, 처세술, 습관과 선호들로 인해서 다른 그 누구의 것과도 같지 않은 독특한 정신세계와 믿음과 사고의 체계를 낳는 데 기여했을 것임은 물론이다.

이런 특수한 정황 하에서 장구하면서도 심층적인 역사적 맥락이 만들어낸 것으로 여겨지는, 사적인 사고가 보유하고 있는 자기 확신과 그 내용물의 하중에도 불구하고 수업이 가르치는 대로 '개인적인 생각', '사직인 사고', '개인의 사유'의 환상성을 느끼거나 심지어 받아들이기는 쉽지 않을 것이다.

사적인 생각이 환상이다, 혹은 실재하지 않는다는 것은 모든 개인의 생각, 개인의 의식작용, 개인의 생각이 가리키는 개인적인 존재함과 그것에 따르는 모든 행위가 환상이고 실재가 아니라는 뜻이기 때문이다. 달리 말해서 바로 자신의 것을 포함한 에고의 죽음을 그것이 의미하기 때문이다.

아직도 경험하고 싶은 것 즉 욕망이 많이 남아 있거나, 아직도 자신만의 고유한 특성들을 못내 자랑스러워/사랑스러워 하고 있거나, 아직도 빛과 어둠으로 혹은 선과 악으로 또는 미와 추로 판단하고 분석하는 마음의 습관에서 채 놓여나지 못한 여정 위에 있다면, 에고의 죽음이나 마찬가지인 'private thoughts(사적인 생각)'의 nothingness(비실재성)를 동의하기도 받아들이기도 어려울 것이 당연하다.

그리고 그 여정을 벗어나기까지는 각자가 겪어야 할 다양한 사건, 사고가 있을 것이고 그에 따른 성공, 실패, 영광, 당혹, 환희, 비탄 등 순환하는 영욕의 사이클에 따라 펼쳐질 배움의 단계들이 있을 것이다.

그리고 그 모든 단계들의 마지막 부분 언저리에서 마침내 일체성-동등성의 원칙과 더불어 '사적인 생각들'이란 존재하지 않음을 받아들이게 될 것이다(사적인 생각의 매력이 계속 끌어당기고 그 생각을 포기하지 못하는 한은 어떠한 사적인 국면도 결여한 일체성을 온전히 이해하는 것이 불가능할 것이기에).

이런 의미에서 수업의 가르침은 다양한 여정을 걷도록 준비된 여러 그룹의 학생들에게 각자의 시기에 적절한 배움과 연습을 계속할 수 있게 지원하는 의미도 가지고 있다고 하겠다.

개별적인 마음들과 사적인 생각은 실재하지 않는다
- 또 하나의 중요한 '사고 역전'

우리는 늘 내가 생각하고, 내가 행동하고, 내가 계획하고, 내가 욕망하고, 내가 소비해 왔다. 심지어 자기성찰도 내가 했고, 영적인 성장을 위한 배움도 내가 추구하고 얻었다. 이런 관점에서 볼 때, 이 모든 사적인 생각의 환상성이라는 주제도 수업이 늘 강조하는 '사고의 역전'과 밀접하게 연관된 것으로 보인다.

초점은 변하지 않는 진짜 나, 나의 정체에 맞추어져야 한다.

부침이 있고 롤러코스터 위에 타고 있으며 그때그때 다양한 국면을 가지고 일어나는 사건들, 좋거나 혹은 나쁜 상황들에 따라 그리고 여건의 끊임없는 변화에 따라 커지거나 작아지고, 슬프거나 기뻐지고, 낙담하거나 기대에 부풀고, 그래서 무상한 희로애락 속에 천사가 되거나 악마가 되는 '몸으로서의 나'에 초점을 맞추면

결코 변하지 않는 기쁨, 무조건적인 행복, 아무도 앗아가지 못하는 평화를 누리지 못한다.

깨달음은 시간과 조건이 무르익을 때 내가 경험하게 되는 변화가 아니다. 그것은 한 번도 달라진 적이 없는 나인 내 진아, 한 번도 꺼진 적이 없는, 내 정체인 빛의 한결같은 상태를 늘 인식함이다.

그래서 구원은 비커밍(Becoming)이 아닌 나우(Now)이다. 이렇게 초점 자체를 뒤집는 사고의 역전이 있어야 열반이 체화된다.

초점을 바꾼다는 것의 의미는 게임의 주체는 더 이상은 몸인 나여선 안 된다는 것이다. 가짜 나, 내가 지어낸 것, 환상이 아니라 나의 참나, 진아, 나의 진정한 정체가 내 삶의 주체여야 하고 내 이야기의 주어여야 한다.

초점이 되고 우리의 주의를 집중시켜야 할 곳은 가장 배후의 나, 진짜 나, 참나, 진아, 자신조차 지켜보는 의식, 궁극의 나, 전쟁터 위에서 내려다보는 자, 내가 외부에 지어낸 것들을 늘 지켜보는 가장 내면의 나이다. 즉 거룩함이나 권능과 영광으로 설명되는 나의 정체이다.

이럴 때라야 초점은 하느님께만 있어서 삶의 비굴함, 뻔뻔함, 진부함을 선행한다. 실재는 환상을 선행하기 때문이다. 이것을 진정으로 받아들이지 못해서 학생들은 종종 스스로 죄책감과 자괴감에 빠진다. 또 형제의 죄책감을 자극하곤 한다.

타인의 경우에도 그의 진정한 자아는 나와 같은 존재이기에 그의 배역이 아니라 맨 뒤의 그, 즉 그의 신성만을 보아야 한다.

그러기에 기적수업 학생이 마땅히 물을 질문은, "이 질곡과 고통과 환난의 세상에서 언제쯤이나, 또 어떻게 해야지만 행복을 얻게 되나요?"가 아니다. 이 질문에서의 초점은 여전히 부족하고 불행하다고 믿는 '가짜 나'에 있고 주체는 여전히 내가 지어낸 내 모습/이상이기 때문이다.

초점을 역전시켜서 "이 기쁨을 어떤 경우에 내가 깜빡 속아서 잠시 못 느끼게 되나요?"라야 한다.

불성의 탐구와 모색이 아니라 이미 자기 정체인 불성의 선언이다. 언젠가 그리스도가 되기 위해서가 아니라 그리스도로서 사는 것이다. 사고의 역전 중에서도 궁극의 역전은 바로 이것이다.

변함없이 기쁨, 행복, 평화 속에 있는 '불변의 나'가 아니면 초점으로 삼을 가치도 주체로 인식할 가치도, 그리고 나의 이야기에서 주어가 될 가치도 없다(기적수업이 '실재 아닌 것'에 관해 가치도 의미도 부인하면서 환상이라 부르는 이유이다. Nothing unreal exists. 실재 아닌 것은 존재하지 않는다. 서문).

이렇게 궁극적으로 역전시키지 않으면 역전당한다. 이기는 것처럼 보이다가도 그렇게 자주 지는 이유이다. 기적수업 학생이 종종 우울하다고(말도 안 되게) 우기는 이유이다.

5

따라오는 질문들

진아(참나) 혹은 나그네는 왜소한 것들, 즉 환상들에는 관심이 없다. 그러므로 적절한 질문들은 다음과 같다.

1) 나는 누구인가?

- 가짜 나와의 구분, 몸이 아닌 영, 변함없는 실재인 나, 거룩한 존재, 권능과 영광의 존재, 그리스도

나는 영이다. 또한 하느님의 거룩한 아들이며, 자유롭고, 여전히 하느님이 창조하신 그대로이다. 나는 몸이 아니다. 모든 제한들에서 자유롭고 안전하고 치유되었으며 온전한 존재이다(워크북 94과, 97:9, 200:1).

몸이 아니고 영인 존재가 바로 진정한 나이다. 그러므로 '나'라는 생각인 에고, '혼자라고 믿는 마음'인 에고, 몸을 만들고서 그것이 자신이라고 믿는 에고는 가짜인 환상이다.

모든 한계에서 자유롭고, 안전하고 치유되었으며 온전한 우리가 시간 안에서(세상에서) 할 일은 모든 것을 용서하고 세상을 구하는 것이다(세상을 구하는 것 이외에 용서받은 자가 할 일이 무엇인가? 다른 어떤 일이 의미와 가치가 있는가?).

나는 누구인가? 1
- 가짜 나 (the self, my false identity)의 특징들 1부

"나는 누구인가?"를 제대로 답하기 위해서 '가짜 나'의 특징들을 살펴보자.

① 시간에 사로잡혀 있다.

시간은 실재한다고 믿기에 과거를 벗어나지 못하고 과거가 미래를 결정해서 만들어 낸다고 믿기에, 미래에도 역시 사로잡혀 있다. 그래서 시간은 단지 선형적으로 흐른다는 믿음을 가지고 산다.

사실은 지금 우리가 지각하고 경험하는 것은 마치 아득한 과거에 마지막 빛을 내고 블랙홀 안으로 사라져 간 어느 별의 빛처럼 단지 존재하지 않는 과거의 반영이자 기억이며 그래서 환상일 뿐임을 알지 못한다. 우리가 시간 속에서 지금 지각하는 것은 모두 과거일 뿐이고, 아무리 집착을 그치지 못해도 시간도 과거도 지금의 지각도 실재하지 않음을 모르는 것이다.

워크북 7과 나는 오로지 과거만을 본다(I see only the past).

아주 먼 옛날에 이미 소멸된 별의 빛이 지금 우리에게 보이는 것은 심지어 이 물질 세계 안에서조차 우리에게 관찰되는 시간이라는 환상의 속임수이다.

우주와 세상의 차원을 넘어 형이상학적인 차원에서도 시간은 우리의 관념의 틀일 뿐 실재하지 않는다. 각 대륙의 시차의 차이도 과거와 지금 그리고 미래라는 선형적인 시간이해의 허구성을 지적해 준다.

지금 아시아에서 여행해서 미국에 도착하면 우리는 시차의 차이로 인해서, 엄밀하게 말하자면 우리로서는 이미 지나가 버린 '과거의 시간에 도착'하게 되는 셈이다. 여기에서 우리의 여행은 일종의 '타임머신'이 되고, 과거와 미래라는 시간의 선형적 성격은 파괴된다. 이 파괴는 물론 우리가 이해하는 대로의 선형적 시간의 허구성과 환상적 성격을 보여 준다.

그럼에도 불구하고, 과거가 만들어 낸 결과들에 대한 회한, 원망으로 괴로워하고 미래에 일어날 수밖에 없다고 추측되는 고통들에 대해 두려워한다. 혹은 정반대로 과거와 관련된 것들에 자랑스러워하고 집착하거나 미래의 경험들을 조종하고 조작하려는 욕망으로 마음의 주착을 그치지 못한다.

과거에 자기가 '저질렀다고' 믿는 사건들과 관련된 망령들은 모두 죄책감의 원재료가 된다. 그래서 과거라는 기반 때문에 반드시 미래에 자신에게 일어날 수밖에 없다고 믿는 '복수'에 대한 확신과 두려움은 선형적으로 흐르는 시간에 대한 믿음과 더불어 서로를 강화시키면서 더욱 생생해진다.

과연 "우리의 시간은 죄책감 때문에 보존된다(텍스트 5:72)." 죄책감에서 시작되어 시간에서 벗어날 도리가 없게 만드는, 미래에 일어날 복수에 대한 확신과 그것과 관련한 두려움은 시간을 실재로 믿지 않을 수 없게 만들면서 시간이라는 환상을 더욱 강화하고 보존한다.

죽음은 시간의 저편 끝에서 종종 손 흔들며 기다리고 있고 피할 수 없는, 모든 것의 종말이라고 믿어지기에 가장 두려운 대상으로 여긴다. 시간의 흐름 자체가 두렵고 시간의 진행과 더불어 노화하는 몸이 자기라고 생각하지 않을 수 없기에 시간의 흐름에 따라서 몸도 종말을 향해 치닫는다고 생각한다.

결국 돌이킬 수 없이 정해져 있는 패배와 궁극적인 파국과 실패의 두려움을 늘 안고서 온전히 행복하고 평화로울 수 없는 심리적 상태로 살아간다.

② 결핍감과 왜소한 느낌, 그리고 떨어져서 홀로라는 느낌에 시달린다. 이 느낌들은 멈추지 않는 불안감, 세상에 대한 불신감, 타인에 대한 경계심 내지 적개심, 그리고 삶과 우주를 향한 절망감으로 나타난다.

그래서 부족에 대한 보상을 찾아서 항상 돈, 명성, 권력을 추구한다. 세상과 그 안의 한정된 물질(재화)을 실재라고 믿기에 '주는 것은 잃는 것'이라는 세상의 가르침과 상식을 전혀 의심 없이 받아들인다. 따라서 더더욱 돈, 명예, 권력, 육체적인 즐거움을 구한다.

내면의 결여에 대한 확신과 보잘것없고 외롭다는 느낌은 세상으로 투사되기에 이 세상 삶에서 결핍감과 왜소한 느낌, 그리고 분리된 느낌을 상쇄하기 위해서 더 크고, 높고, 비싸고, 귀한 것을 끌어모으고 싶어 한다. 또한 지속되지 못하는, 타인과의 연대를 구하기도 하지만 실망과 공격으로 끝난다.

크기와 높이의 규모, 보다 많은 것, 보다 희귀한 것, 보다 선택된 것 등으로 나타나는 특별함에 대한 집착을 구원인 것으로 여긴다.

자신의 결핍감의 이유가 무엇인가 '가장 귀한 것'에 대해서 잊어버리고 있어서'라거나, 자신이 그렇게 결핍감에 시달릴 이유가 없을지도 모른다는 생각은 영혼이 아주 고양된 시점에 잠시 들기도 하지만, 세상의 풍조는 다시 비교하게 하고 결핍감에 빠지게 만들어서 그런 생각을 파묻는 경향이 있다.

③ 두려움에 늘 지배당하고 있다. 자기 힘으로 무엇인가를 해야 구원이 가능하리라 생각하고 늘 분주하다.

무엇인가를 늘 두려워하면서 산다. 사는 것도 두렵지만 죽는 것은 더 두렵다. 지금 가난해도 두렵고, 죽을 때까지 가난할까 봐 더 두려워한다. 지금 돈이 많아도 혹시 횡액을 맞아 사라질까 두렵고, 늙어서는 돈이 없어져서 고생할까 봐 두렵다.

자식이 멍(청)해도 뒷바라지할 생각에 두렵고, 똑똑해도 자기마저 무시할까 봐 두렵다. 아프면 고통 때문에 두렵고 건강해도 조만간 아플까 봐 두렵다. 권력이 없으면 희생당할까 두렵고, 권력이 있다면 조만간 사라질까 두렵다.

정말로 우리 의식을 바닥에서부터 채우고 있는 것은 두려움이다. 이런 두려움을 잊거나 그로부터 벗어나려고 온갖 일을 도모하고 갖은 환상을 만들어 내면서 쉼 없이 분주하게 돌아다니고 계획을 짠다.

두려움의 원인인 죄책감을 처리하지 못하는 한은, 끝없이 바깥으로 투사되는 죄책감으로 항상 두려움에 의해 추동되어서 죄가 투사된 세상에서 죄인을 찾아서 정죄하고 공격하느라 온 인생을 보낸다.

워크북 특별주제 4 죄란 무엇인가?

1. 죄 없는 자들이 과연 무엇을 보려 하겠는가? 죄 없는 자들이 과연 모습이나 소리 혹은 접촉이 필요한 이떤 이유가 있겠는가? 그들이 과연 무엇을 들으려 할 것이며 혹은 무엇을 잡으려고 손을 뻗으려 할 것인가? 그들이 과연 무엇을 감지하려 하겠는가? 감지하는 것은 모르는 것이다.

죄가 없다면 그래서 두렵지 않다면 늘 무엇을 들으려 하고 보려 하고 잡으려 하며 애쓸 필요가 없다. 스스로 죄로부터 구원을 확보하려 하기에 환상들을 만들고 보면서, 모습, 소리, 접촉과 같은 지각을 사용할 필요가 있는 것이다.

죄에 대한 믿음이 없다면 죄책감이 왜 있겠는가?
죄책감이 없다면 왜 혼자서 무엇인가 해야 한다고 믿고 애쓰겠는가?
왜 지금 이 자리까지 길을 찾아 헤매며 도달했겠는가? (워크북 256과)

죄책감이 없다면 왜 투사하고 환상을 만들겠는가?

죄를 소중하게 여기지 않았다면 무엇을 도모하고 용서할 그 무엇을 만들 었겠는가?

죄를 믿지 않았다면 용서가 왜 필요조차 하겠는가?

죄책감이 없다면 왜 자기가 누구인지 확신하지 못하겠는가?

왜 '거룩함'이 낯선 개념이겠는가?

실로 세상을 지탱하고 돌아가게 하는 것은 우리가 가진 두려워하는 생각 과 그 두려움을 처리하려는 애절한 노력인 듯하다. 참으로 공포와 연관된 에 너지가 우리 우주를 운영하는 듯이 보인다.

죄책감이 두려움의 원천이므로 그것은 우리 삶의 가장 심오한 차원에서 두려움에서 비롯되는 우리의 모든 생각과 행동에 영향을 미친다. 그러므로 죄를 믿는 한은, 일이 잘 풀리고 있어도 인생의 바닥에서 신음하고 있어도 두 려움에서 자유로울 수 없는 것은 마찬가지이다. 두려워하던 일이 생기면 내 가 무슨 죄를 지었나를 공포 속에서 생각하게 되고, 아무 일이 없어도 늘 저 마다가 은밀하게 두려워하는, 자기 죄와 관련된 바로 '그 일'이 언제 일어날 지를 두려워한다.

구약성서에는 가장 죄 없고 완전한 인간으로 묘사된 욥조차도 '자식들의 죄와 관련한 불행한 변고가 닥쳐올까 두려워서' 늘 자식들을 위한 제사를 따 로 드렸다고 기록한다. 최소한 자식들과 관련해서는 천하의 의인이라 인정 받았던 욥조차도 죄를 믿고 두려움을 가졌던 것을 알 수 있다. 물론 욥에게 는(생각의 법칙대로) 자기가 '두려워하던' 바로 그 일이 일어나서 자식들은 한날한시에 몰살된다.

이런 죄책감과 두려움 속에서 혼자서 대비책을 계획하기는 오히려 자연스럽다.

결핍, 죽음, 시간의 흐름, 성취하지 못한 것들, 필요한 것들의 결여, 사랑의 결여, 복수, 공격, 타인의 판단과 분노, 세상과 그 안의 모습들과 소리들, 타인과 자신을 향한 원망들을 항상 두려워한다. 이 두려움은 가짜 나로 하여금 다가올 불확실성들에 대비해서 스스로 계획하도록 만든다.

이런 두려움, 불확실성의 인식, 스스로 계획하기를 경험하면서 몸을 자신의 정체인 것으로 점차 확신하지 않기는 거의 불가능해진다.

워크북 135:12 치유된 마음은 계획하지 않는다. 그 마음은 자신의 것이 아닌 지혜에 귀 기울여 받는 계획을 실행에 옮긴다.

A healed mind is relieved from the belief that it must plan(치유된 마음은 계획을 짜야만 한다는 믿음에서 놓여난다).

스스로 무엇인가를 잘 해내어야만 두려움에 맞서서 행복, 안전, 그리고 궁극적으로 구원을 얻을 수 있다고 믿고 마음은 늘 분주하고 몸은 언제나 바쁘다. 이렇게 항상 바쁘고 무엇인가 계획하고 저지르고 있는 몸은, 응당 실제로 지각되고 자기정체성으로 확립된다.

죄책감에서 출발해서 허무하도록 빠르게 흐르는 시간과 날로 약해지는 몸을 실재로 또 자기 정체성으로 지각하는 우리가 '왜소함(littleness)'에 대한 믿음을 쉽게 버리지 못하고, '거룩함'이나 '장엄함/위대함(grandeur/magnitude)'이라는 정체성을 받아들이기 힘들어 하는 것은 전혀 놀랄 일이 아니다.

나는 누구인가? 2
- 가짜 나(the self, my false identity)의 특징들 2부

① 자신이 아무것도 알지 못함을 모른다(He does not know that he knows nothing). 그래서 자기 생각들을 그대로 진리인 것으로 믿고 그 생각의 내용들에 따라 행동한다.

의식을 구성하고 있고, 늘 자유분방하고 질서 없이 일어났다가 사라지는 자신의 생각들과 기억들을 모두 진실이라 믿는다(사실은, 성령의 인도에 따라서 '사랑하는 생각'으로 다시 선택한 생각들만 영원하고 나머지는 모두 의미 없는 환상들일 뿐이다).

자신이 많이 그리고 잘 안다고 믿기에 그 생각들이 어떻게 나타나기 시작했는지, 누가 주입시킨 것인지, 그것들로 인해 이익을 취하는 자는 누구인지 고려해보지 않고 무비평적인 태도로 믿고 따른다.

자신의 생각들과 같은 지각의 산물이나 지각 자체가 앎과 다르다는 것을 모르기 때문에 자기 생각들에 대해서 의심하거나 회의해 보지 않는다.
그러나 "감지(지각)하는 것은 모르는 것이다(To sense is not to know)."
(워크북 특별주제 4 죄란 무엇인가? 1.)

② 자기가 듣는 이야기들 그리고 스스로를 위해 만들어 내는 이야기들을 그대로 믿고 따른다.

세상에서 배운 이야기들과 자기 자신이 스스로에게 들려주는 자기 자신, 주변 인물들, 자기가 속한 사회 그리고 세계와 우주에 대한 다양한 분야의 여러 이야기들과 신화들(특히 종교의 교리들)을 그대로 믿고 그 이야기들의 교훈이나 세계관들, 지시들, 명령들 그리고 암시들에 따라서 인생을 계획하고 산다.

인생에서의 성공과 실패에 대한 신화, 삶에서 의미 있고 가치 있는 것들에 대한 이야기들, 세상에서 영원하고 지켜야 할 것들에 대한 신화적 이야기들을 거의 무비평적으로 수용하고, 믿고 때로는 열렬한 지지자가 되기도 한다.

종교 경전 속의 스승들과 지도자들의 이야기들, 고대의 영웅들의 모험담들, 현대의 영웅들의 성장과 성취의 이야기들, 가슴 저리는 사랑과 노도와 같은 열정의 이야기들, 역경을 이겨 내고 편견을 극복하며 당당히 자기 목표를 이룬 소수자들의 이야기들, 자기 소신을 굽히지 않고 세상에 충격과 교훈을 안겨 준 이야기들은 늘 우리 가슴 안 어딘가에 자리 잡고 우리에게 가치와 믿음의 방향과 살아가는 지혜들을 제공해 준다.

이야기들이란 자체로서 진리라기보다는 기본적으로 어떤 목적을 가진 자들에 의해 특정한 효과(주로 참여나 헌신 같은 태도의 함양)를 성취하기 위해서 '만들어지거나' 역사적 사실에 기초를 둔 것들이라도 애초의 비교적 정직하고 단순한 이야기에서 '과장되고' 또 '첨삭과 편집된' 것일지도 모른다는 의심은 별로 해 보지 않는다.

자신의 지식과 자신이 안다는 것 자체에 확신이 있기에 자신에게 익숙한 이야기들과 신화들과 가치체계들을 대하면서 사고의 역전을 가져 볼 필요를 전혀 느끼지 못한다. 그러므로 비교적 일상생활이 안락하고 풍요로우며 몸이 건강하다면 이런 이야기들을 접하고 소비하고 소개하면서 한평생을 자기만족적인 성향을 지닌 채 산다. 인생을 통틀어서 내면을 성찰할 수 있는 기회를 별로 가지지 못한다는 얘기이다.

반전과 혁명과 사고의 역전을 요구하는 이야기들, 가르침들, 신화들에 대해서는 보수적이고 부정적으로 반응하는 경향이 있다. 반면 기존의 세상 질서와 체계와 구조를 지지하고 신뢰하며 더욱 공고히 하고 싶어 하는 성향의 이야기들을 통상 선호한다.

한편으로는 전통적인 종교의 교리들, 도덕률들과 전래되어 온 가치체계들이 사회와 믿음의 해체와 함께 언론, 미디어 매체들, 수시로 바뀌지만 당시에는 영향력과 인기가 있는 정계, 재계와 학계의 지도적 인물들이 들려주는 이야기들에 의해서 대체된다. 월트 디즈니나 마블의 판타지와 만화적 세계관의 이야기 같은 것들이 교회와 족장들과 지역 유지들과 가부장들과 시인들과 역사가들의 이야기들보다 더 신뢰받기도 한다.

아주 오래된 이야기들에 더해서 이런 새로운 이야기들에 암시받고 이끌리고 조종되면서 살아가다가 심지어 연예인들과 스포츠 선수들이 들려주는 환상의 이야기들을 인생의 지침과 교훈과 위로로 삼기도 한다. 그러면서도 스스로는 나름대로 건전한 지식인이거나 모범적인 시민이라는 혹은 심지어 영적인 진리를 추구하는 학생이라는 가냘프고 얇아서 쉬이 깨지는 '자기만족'의 환상을 거머쥔 채 산다.

너무 쉽게 만들어지고 범람하는 이야기들의 가장 안타까운 단점은 때로는 자신이 누구인가를 간절하게 모색하는 영혼들에게 더 나은 답을 찾기가 어렵게 눈을 가리거나 혼란시키는 것이다. 그리고 그들은 평생을 애쓰면서도 틀린 방향으로 여행하기도 한다.

과거에 만들어지고 과거의 실수들과 의도들과 명령들에 여진히 신들려 있는 이야기들(과거와 죄책감의 환상들)이 아니라 지금 자신이 성령의 인도로 다시 하는 선택들로 만들어 내는 새로운 이야기(다시 선택한 결정들)만이 자신이 정말로 누구인지 발견하게 해 준다는 진리를 우리는 쉽게는 받아들이지 못한다.

그러나 과거로부터 나온, 과거에 대해 듣는 이야기들이 아니라 자신의 역전된 사고와 새로운 선택으로 자신이 만들어 가는 새 이야기 이외에는 자신의 정체를 발견하게 해 주지 못한다.

③ 늘 계획한다. 늘 공격당했다고 믿기에 항상 방어하기 위한 계획이 필요하다고 생각한다.

이렇게 쉴 새 없이 방어하고 계획하느라 쉬지도 못하고 애쓴다. 이런 바쁘고 피곤한 몸의 여건에서 그 몸이 자신의 정체라고 믿는 것은 자연스럽다.

애쓰느라 지친 몸의 실존적 피로가 자신은 몸이라고 확인해 준다.

워크북 특별주제 4 죄란 무엇인가?
2. 몸의 목표는 애쓰는 것이다.

결핍감을 없애려고 혹은 특별함을 성취하려고 애쓰는 노력도 모든 주의를 몸에 집중하는 것으로 몸을 자신의 정체이자 실재인 것으로 지각하게 만든다.

항상 공격하거나 방어하거나 한다. 우리가 방어를 한다면 이미 공격받은 것이다.

워크북 135과 If I defend myself, I am attacked(나 자신을 방어한다면, 나는 이미 공격받은 것이다).

그러므로 성령이 아니라 자신이 주체가 되어서 계획하는 것은 공격을 믿기에 방어하고 있는 것이다.

워크북 135:15 Planning is not often recognized as a defense(계획하는 것은 방어로 인식되는 경우가 별로 없다).

계획하는 것과 몸이라는 정체성의 관계가 아래 구절에 설명된다.

워크북 136:21 만약 너의 마음이 다가오는 불확실성에 대비해서 계획들을 짜도록 허용한다면, 너는 또다시 자신을 제자리에 두지 못하고 자신의 정체를 몸이라고 여긴 것이다.

④ 세상을 살면서 종종 비교, 원망, 공격, 방어, 증오, 판단, 분노한다. 그러므로 결코 용서하지 못한다.

결핍감과 두려움을 가지고 있는 한 다른 사람과 비교하고, 그를 원망하며, 공격하고, 복수를 상상하며, 방어하지 않을 도리는 없다. 자신의 죄책감이 다른 사람에게 투사되는 한 누군가를 증오하고, 판단하고, 그에게 분노하지 않을 수는 없을 것이나.

그래서 때로는 판단과 분노의 순환에서 벗어나 보려고 사랑에 의지하고 그것을 시작하지만, 그 사랑조차 용서하지 못하는 한은 머잖아 다시 판단하고 분노하고 증오하며 공격하게 되는, '특별한 사랑'이 가진 본성의 사이클만 확인하게 된다.

⑤ 진리의 관점에서 보자면 가짜 나는 아무것도 있는 대로 보지 못한다. 또 자신이 일으키고 간직하는 생각들도 아무것도 의미하지 않음을 알지 못한다.

그렇지만 들리는 것은(결국 형상/sights와 소리/sounds가 모두) 세상, 몸, 시간, 자기 생각의 실재성만 확인해 주기에(우리는 원하는 것을 지각한다) 보이는 모습, 들리는 소리, 일어나는 생각들을 믿고 의지하여 세상을 살아갈 계획을 만든다.

혹자는 묻는다. "우리가 아무것도 보지 못한다면 도대체 실재하는 것은 무엇인가?"라고. 그 물음에 대한 답은 이럴 것이다: "우리에게 비전이 생길 때, 그래서 그리스도의 눈으로 볼 수 있을 때, 그리고 지금 보이는 것들은 아무 의미 없는 환상임을 여실히 알 때, 바로 그때 보이는 것이 실재하는 것(what is real)이다."

⑥ 진리의 관점으로는 가짜 나는 의미가 없는 세상을 본다. 이 세상은 보는 자가 만들어낸 것이고 그가 만든 이미지들, 즉 상들일 뿐임을 알지 못한다.

그렇지만 그 이미지들이 가리키는 대로 세상을 산다. 그 이미지들을 믿고 그것들에 집착하기에 지각되는 것들을 용서하지 못한다. 아니 용서할 필요조차 느끼지 못한다.

그 모든 이미지들이 모두 용서되어서 사라지기 전에는 결코 변함없는, 하느님의 평화를 누리지 못하고 마음은 선악과 호오와 애증의 롤러코스터 위에서 내려오지 못한다.

("지도무난 유혐간택; 단막증애 통연명백" 중국 선의 4조 승찬의 '신심명'에서, 지극한 도는 어렵지 않으니 다만 선택함을 피하라. 증오하고 사랑하는 것을 멈추면 모든 것이 자연스레 명백하리라.)

2) 나그네란 무엇인가?

지각과 사고방식의 역전을 통해서 세상과 만물을 용서하게 된 자는 인생에서 환상(가짜)에 속지도 않고 투자하지도 않으면서 그것들을 그냥 지나쳐 가는 나그네이다.

워크북 272과 How can illusions satisfy God's Son(환상들이 어찌 하느님의 아들을 만족시킬 수 있겠는가)?

Can dreams content me(꿈들이 나를 만족시킬 수 있는가)?
Can illusions bring me happiness(환상들이 내게 행복을 가져다줄 수 있는가)?
Today we pass illusions by(우리는 오늘 환상들을 '지나친다').

우리가 인생이라는 여행길을 걸어가면서 주변 사물들과 환경에 대해서 관심을 기울이고 때로는 투자까지 하는 것은 자연스러워 보인다.

구약성서에는 인간을 향해서 "생육하고 번성하라."는 지상의 명령이 있다. 세상에서의 생육과 번성이 세심하게 관심을 기울이고 제대로 투자하는 것에 어느 정도 달려 있음은 주지의 사실이다.

이런 맥락에서 볼 때, 인간이 삶의 여정 위에서 만나는 것과 보이는 것과 들리는 것에 대해서 상당한 관심을 기울이지도 투자를 하지도 않는 것은 결코 쉬운 일이 아닌 것으로 보인다. 도심의 복잡하고 사람과 사건이 많은 길 위에서는 물론이고 심지어 자연의 한적한 장소들을 걸으면서도 이렇게 지각되는 것을 무심히 지나치는 것은 결코 쉬운 일이 아니다.

우리의 지각과 사고의 메커니즘이 그렇게 두지를 않고 보이고 들리는 것들과 관련하여 끝없는 생각과 상상 그리고 추론과 판단으로 이끌기 때문이다. 어디에 더 투자하고 어디에 관심을 더 두어야 할지에 대해 쉬지 않고 생각하게 되는 것은 심지어 명상 중에도 종종 겪는 경험이다.

그래서 기적수업은 오직 "하느님과 그의 나라에만 주의를 집중하라"고, 그것만을 위해서 깨어 있으라고 가르친다(Be vigilant only for God and His Kingdom).

환상을 그냥 '지나치는' 사람이란 보이는 것과 들리는 것에 속지 않고 그것들이 진정한 의미도 가치도 없음을 간파한 나머지 소위 '웃자고' 하는 말이나 일에 '죽자고' 달려들지 않는 사람이다.

그는 항상 '지나가는 자(passer-by; one who passes by, 도마복음)' 혹은 나그네라 불린다. 여행하는 동안 길 위에서 자기에게 지각되는 것, 즉 자기가 몸으로 경험하는 것에 너무 지나친 관심도 기울이지 않고 투자도 하지 않는 사람을 가리킨다.

관심도 적당히 있을 뿐이고 투자한 것도 없기에 그냥 '지나치지' 못할 이유가 없고, 울고불고하면서 집착할 근거도 없다. 그래서 '지나가는 자'이자 '나그네'이다. 그리고 사실은 세상이 붙들고서 적용하는 가치관과 믿음 체계와 관련해서 워낙 전복된 사고를 가지고 있어서 함께 놀자는 진지한 초대를 받거나, 여행을 그치고 이제는 정착하라는 진심 어린 권유를 받는 일도 거의 없다.

몸을 가지고 세상에서 살고 있는 자신이 나그네임을 이해하고 받아들인 사람은 '나는 누구인가?'라는 근원적인 물음(마하리쉬)에 대해서 이미 답을 찾은 사람으로 보아도 좋을 것이다.

'바람에 걸리지 않는 그물'이나 '소리에 놀라지 않는 사자'처럼, 어떤 상징에도 의지하지 않고 '무소의 뿔처럼 홀로 가는 자'이다(숫타니파타).

달리 말하자면, 자신이 정말로 누구인지를, '몸이 아닌 자신의 참된 정체(기적수업)'를 아는 자이다.

꿈이나 환상의 정체를 알아내고 자기가 누구인지를 발견했기에 그것들로 만족할 수도 없고, 그것들에 집착하지도 않으면서('응무소주 이생기심,' 금강경), 실재 이외에는 진정한 주의를 주지 않으며 '시간 안의 세상'을 단지 '지나쳐 가는' 나그네이다. 그에게 세상은 있으나 없다.

"오늘 당신을 행복하게 만드는 것은 무엇인가? 오늘 무엇이 당신에게 만족감을 주는가?"

이런 맥락에서 위와 같은 질문들은 상당히 지혜로운 질문들이다. 우리를 영적인 둔감함의 상징인 '자기만족(complacency)'에서 깨어나게 만들고 사고의 전복과 지각의 역전을 가져다주어서 우리의 구원/지각교정의 기초가 될 수 있기 때문이다("원리전도몽상 구경열반 반야심경").

"이번 생애에 충분히 행복하신가요?"
"지금 자기 삶이 만족스러우신가요?"
"오늘도 충분히 웃고 계신가요?"

나그네(passers-by)란 무엇인가? 2
- 나그네는 '환상과 과거' 때문에 머뭇거리지 않는다.

나그네를 길 위에서 머뭇거리게 하지 못하는 환상과 과거 - 실재(실재세상)를 가리려고 만들어져 '가짜로 더해진 것'

> **누가복음 14:25-35** 무릇 내게 오는 자가 자기 부모와 처자와 형제와 자매와 및 자기 목숨까지 미워하지 아니하면 능히 나의 제자가 되지 못하고, 누구든지 자기 십자가를 지고 나를 좇지 않는 자도 능히 나의 제자가 되지 못하리라. 이와 같이 너희 중에 누구든지 자기의 모든 소유를 버리지 아니하면 능히 내 제자가 되지 못하리라.

기적수업 레슨의 매력 중의 하나는 위에 인용한 누가복음의 유명한 예수의 설교를 포함해서 여러 주요 종교들의 전통에서 단연코 모든 소유를 버려야만 얻을 수 있는 것으로 가르쳐 온 평화/천국의 가격이 사실은 우리가 감당하기 어려울 정도의 값비싼 것이 결코 아님을 알려 주는 것이다.

모든 소유를 버린다는 것이 사실은 '아무것도 아닌 가짜(nothing)'를 포기하는 것이기에 전혀 어려운 일이 아니라는 전복적인 진리를 말하는 수업은 모든 소유의 포기라는 것이 의미하는 충격에 이미 놀란 우리의 상식적인 사고와 세상의 지혜를 다시 한번 충격적으로 뒤흔든다.

어떤 사람들에게는 얻기 위해 치러야 할 대가가 너무 가혹하다고 느껴질 수도 있겠지만, 하느님의 평화는 모든 꿈들을 포기할 때만 얻을 수 있다.

> **워크북 185:5** 진정으로 하느님의 평화를 원하는 것은 모든 꿈들을 포기하는 것이다(To mean you want the peace of God is to renounce all dreams).

조그만 환상들이 다양한 내용으로 연이어 일어나고 펼쳐져서 우리의 꿈이 구성되는 것으로 해석할 때 모든 꿈들을 포기하는 것은 곧 모든 환상들을 용서하는 것과 같다고 볼 수 있을 것이다.

그러므로 모든 환상들이 용서되어 끝나고 사라지고 나서도 변함없이 남는 것은 오직 실재이고 그것은 곧 평화이며 앎일 것이라고 추측할 수 있다. 또한 그 앎은 다른 이름으로는 천국이며 사랑이며 진리이다.

이런 맥락에서, 환상이 만들어진 목적이란 바로 실재를 가리기 위한 것이라는 사실이 이끌어 내어진다. 그래서 'What was falsely added(워크북 151:14 가짜로 더해진 것 혹은 거짓으로 보태진 것)'이 환상의 정의라고 결론 내릴 수 있다(가장 대표적인 예가 우리가 자신의 정체라고 믿는 '몸'이다).

환상은 또 다른 표현으로 꿈이거나 이미지이거나 그림자이다. 이들은 모두 '아무것도 아닌 것(nothing)'으로 가짜 혹은 거짓인 것이다.

우리는 오직 과거만 볼 수 있음은 주지의 사실이다.

워크북 7 나는 오직 과거만 본다(I see only the past).

바로 이 이유로 우리는 실재를 인식할 수가 없다. 과거가 여전히 떠오르거나 우리를 쫓아다닌다면, 진리와 실재를 지금 여기서 보지 못하게끔 우리 눈을 가린 가짜이자 '아무것도 아닌 것(nothing, emptiness, voidness)'에다가 정력을 낭비하고 있다는 것을 알아차려야 할 것이다.

이렇게 아무것도 아닌 것, 왜소함에 우리가 대부분의 주의와 정력을 쏟으면서 평생을 탕진하는 것이 에고가 바랄 수 있는 최적의 시나리오이고 대부분의 사람들은 실제로 그렇게 살아간다.

돈을 좇고 명예를 바라고 쾌락을 찾으며, 판단하고 분노하며 복수하고 공격하고 질투한다. 비교하고 원망하고 미워하는가 하면 특별해지려 온갖 기를 다 쓴다.

결핍을 채우고자 장난감들과 허무하게 짧은 특별한 관계들을 찾고 또 찾으면서, 마침내 맞닥뜨린 허무에 절망하고 발악하고 발광을 하면서도 늘 조금 더 갖기를 원한다. 우리는 거의 완벽하게 속았고 에고는 손쉽게 이긴 듯 보인다.

과거도 '실재세상을 우리에게 가리기 위한 목적'으로 만들어졌음을 볼 때 결국 하나의 환상임을 알 수 있다.

> **워크북 289:1** 그렇다면 내가 어떻게 용서가 선사하는 세상을 지각할 수 있겠는가? 바로 이것을 감추기 위해 과거가 만들어졌으니, 이것은 오로지 지금만 볼 수 있는 세상이기 때문이다.

오직 현재에만 집중한다면 보이는 모든 것, 즉 과거는 그 목적인 '실재를 가리기'를 달성할 수 없을 것이고 자연스레 진리/사랑/앎/천국이기도 한 실재가 드러날 것이기 때문이다.

진정한 정체에 '가짜로 더해진 것'이 환상이고, 실재를 가리기 위한 것이 과거이므로 실재는 가짜로 더해진 것에 속지 않고 무시할 때 혹은 지금 보이는 것인 과거에 속지 않고 단지 현재에만 주의를 쏟을 때 우리에게 나타날 것이다.

그러므로 우리가 '가짜로 더해진 것'에 집착하거나 '과거'를 믿고 간직하려는 정도만큼 실재와 실재세상을 경험할 가능성은 작아질 것이다. 우리 주위에 실재나 실재세상을 경험한 사람이 드물다는 사실은 비록 '가짜로 더해진 것'이긴 하지만 환상이란 얼마나 현란하고 고혹적인지, 또 '아무것도 아닌 것'이긴 하나 과거는 얼마나 집요하게 우리를 따라다닐 수 있는지를 보여 준다.

(물론 '현재에만 주의를 쏟는다는 것'은 우리가 일상의 삶에서 '눈에 보이는 모든 것(모두가 과거인)'을 완전히 무시한다는 의미는 아니다. 자동적이거나

기계적인 완전한 무시는 오히려 현실도피에 가까울 것이고 과거를 실재화할 것이다. 그러므로 피하지 않고 보되 실재가 아님을 보고서 '옆으로 치워 두어야' 한다.

그것의 의미는 우리 눈에 보이는 것 즉 과거와 '가짜로 더해진 것'은 그러한 줄로 알고서 '최소한의 주의와 접촉'만으로 상대한다는 것이다. 금강경의 '응무소주 이생기심' 혹은 신심명의 '몽환허화 하로파착'이나 '하려불필'이라는 표현들이 가리키는 것들이다.)

환상, 꿈, 과거는 실재를 우리가 보지 못하게끔 가리고 숨기기 위해서 만들어지고 가짜로 더해진 것이다. 우리가 진리를 발견하지 못하도록 우리를 속이기 위한 목적을 가지고 만들어진 것이다.

환상과 꿈과 과거는 모두 head-turner(머리가 돌려져 쳐다보게 만드는 것)들이다. 어느 맑은 날, 쭉 뻗은 도로 위의 빨간색 페라리나 까만색의 애스턴 마틴처럼 우리의 시각을(설령 그것이 실재를 향하기 시작한 경우라 하더라도 종종) 여지없이 돌리게 만든다.

그 늘씬함과 뇌쇄적인 엔진 소리와 다 벗은 듯한 원초적인 색깔이(형상과 소리가) 실재로부터 그 매혹으로 우리 머리를 돌려놓는다. 그래서 가짜인 것에 우리 주의가 쏟아지는 동안 실재는 다시 숨고, 실재세상은 또 한 번 가려진다.

요컨대, 우리의 삶과 주위를 차분히 둘러보고 무엇이 실재를 가리려고 '가짜로 더해진 것'이고, 무엇이 비록 지금 눈에는 보이지만 사실은 '아무것'도 아니며 오직 '실재를 가리려고 나타난 과거'일 뿐인지를 지켜볼 필요가 있겠다.

오늘 우리를 한 번 더 속이는 데 성공한 것은 무엇인가? 그것은 어떤 종류의 환상이고, 어떤 형상의 과거이며, 얼마나 달콤한 꿈인가? 얼마나 실감나게 매력적이고, 못 잊도록 어여쁘기에 또 얼마나 충격적으로 생생하고, 놓아보낼 수 없도록 분노케 하기에 '가짜'이지만 마치 '진짜'인 듯 우리 삶 속으로 **'더해져서'** 들어왔는가?

얼마나 더 사랑에 울고, 돈에 속고, 반반한 얼굴에 혹하고, 수려한 몸매에 몽롱해질 것인가? 민중과 인류의 사악한 적들, 가문의 원수들, 날 버리고 떠나간, 짧고 특별한 사랑의 상대들 그리고 밟아서 터트리고 싶은 인간들의 징그러운 성질머리들과 변태 짓들은 언제까지 날 뒤흔들 것인가?

이 모든 가짜인 것, 아무것도 아닌 것에 속아서 법석 떨고 분노하다가 돌아서면… 또 속는 우리 멍청함/아둔함/고집의 끝은 대체 어디인가?

나그네(passers-by)란 무엇인가? 3
- 나그네는 좋은 날 궂은 날을 가리지 않는다.(행운과 불행을 똑같이 대하기)

환상이란 어차피 '아무것도 아닌 것'이다. 그것은 '무'이며 공하다.

그러므로 환상은 크든 작든(그리고 우리가 좋아하는 모습이든 피하고 싶은 모양이든) 어차피 가치가 없고 의미가 없다. 비록 성령이 사용할 경우에 우리에게 다시 선택할 수 있는 기회가 제공되게 하는 용도(use; usefulness)는 있긴 하지만 말이다.

(그래서 기적에는 난이도(order of difficulty)가 없다. 환상에 정도(degrees)가 없기에 그 환상에 대한 지각교정이고 용서인 기적에는 사안에 따른 난이도가 있을 수 없는 것이다.)

우리는 삶에서 늘 좋은 일만 생기기를 원한다. 좋은 인연으로 엮인 사람, 좋은 부모 형제와 친구와 배우자를 기다리고, 좋은 환경과 상황들이 우리에게 일어나길 바란다. 또 우리는 좋은 일, 행운을 바라는 만큼이나 불행과 역경과 사고들은 피하고 싶어 한다.

그러나 내게 일어난 것처럼 보이는 어떤 좋은 일이나 행운이나 횡재도 환상이다(여기서 행운이나 횡재는 부모가 준 금으로 만든 수저, 높은 지능, 사회적 관계 강화에 도움 되는 성격, 강인한 정신력과 체력, 배우자와 자식 잘 만나기 등을 포함한다. 그리고 역경이란 행운의 요소들이 유난히 부족한데다 더해서 사고를 자주 당하고 부정적 결과를 낳는 사건에 자주 엮이는 것을 포함한다).

그런 의미에서 그것은 실재에 '거짓으로 보태진 것'이고 나의 본성에 '가짜로 더해진 것'일 뿐 영속하고 변함없으며 의미 있고 가치 있는 사건이 아니다.

마찬가지로 내가 경험하는 나쁜 일이나 역경이나 사고도 환상일 뿐이며 내가 만들어낸 '꿈'이자 '이미지'일 뿐 그 어떤 가치도 의미도 없다.

달리 표현해서 행운도 불행도 실재나 나의 본질에 전혀 영향을 미치지 못하는, '가짜로 더해진 것'이자 '거짓으로 보태진 것'일 뿐이다. 만약 행운이 더 반갑고 불행에 더 낙담한다면 여전히 꿈속의 인물로서 둘로 나누어 분별하며 '아무것도 아닌' 환상을 '무엇인가'인 것으로 믿고 선호하면서 기대하고 의지하는 것이다. 그러므로 행운이든 불행이든 모두 용서되어야 할 대상일 뿐이다.

이때 선호되는 행운이나 기피되는 불행은 '실재에 가짜로 보태진 무'임에도 불구하고 마치 실재인 양 진짜 실재와 진리를 가리는 역할을 톡톡히 하게 된다. 행운에 흥분하고 즐기느라, 또 불행에 절망하고 복수와 재기를 도모하느라 실재에 주의를 쏟을 틈이 없어진다. 환상을 실재화하는 것이 바로 이런 것이다.

같은 취지로 승찬 스님은 '신심명'에서 '지도무난 유혐간택', '단막증애 통연명백'이라고 했다. 나에게 일어나는 행운도 역경도 같은 환상임을 알고 담담하게 똑같이 대한다면 '지극한 도'를 어렵지 않게 이룰 것이라는 뜻이다(지극한 도는 어렵지 않으니 선택하는 것을 피하라. 미워하고 좋아하는 것을 그친다면 전부가 자연스레 밝게 드러날 것이다).

나의 평생에 일어나는 행운이나 역경이 나의 가치를 설명해 주고 나의 정체를 보여 주는 것이 아니다. 그 행운이나 역경을 둘 다 똑같이 대할 줄 아느

나가 그리고 어떤 선택을 하느냐가 내가 정말로 누구이며 어떤 가치를 가졌는지를, 즉 나의 정체를 보여 준다. 행운도 역경도 나의 실재/거룩함/정체를 가리는 것은 마찬가지이다. 달리 말해서 세상의 행운이나 불행 같은 왜소한 것들(little things)은 도저히 나의 실재를 형용할 수도, 그것에 영향을 미칠 수도 없다.

삶에서 기대하면서 기다리던 행운이나 늘 두려워하던 역경은 둘 다 똑같이 실재를 가린다. 둘 다 똑같이 환상이기에, 어느 하나가 다른 하나보다 우리에게 실재를 더 가리지 않는다.

이것을 아는 것이 우리가 이원성에서 벗어난다는 의미이다. '유혐간택(오직 하나를 택하기를 싫어하라)'과 '단막증애(다만 미워하고 좋아함을 그치라)'의 차원으로 들어가는 것이다. 불행을 만나도 놀라지 않고(소리에 놀라지 않는 사자처럼), 행운을 얻더라도 요동하거나 흥분하지 않는(그물에 걸리지 않는 바람처럼) 차원이고 단지 실재인 것에만 주의를 집중하며 '차분한 이마(serene forehead)'와 '고요한 눈(quiet eyes)'을 가지고 사는 것이다.

> **워크북 299:2** 저의 거룩함은 환상에 의해 가려질 수는 있지만, 그 광휘를 잃거나 그 빛이 흐려질 수는 없습니다. 저의 거룩함은 영원히 완벽하고 훼손되지 않은 채 남아 있습니다.

위의 워크북 299과는 같은 얘기를 들려주기 위해서 '우리의 거룩함'은 우리가 무엇을 하더라도 혹은 무엇을 하지 않더라도 영향을 받을 수 없는 것이라고 한다. 하느님이 결정하시고 계획하시고 우리에게 선사하신 것이기에 그 거룩함 이외의 그 어떤 것도 단지 우리의 참된 정체에 '거짓으로 보태진 것' 혹은 '가짜로 더해진 것'일 뿐이기 때문이라는 것이다.

환상은 어떤 때는 행운의 모습으로 다른 때는 고난과 역경의 모습으로 우리의 '가짜 자아'를 환희로 흥분하게도 공포로 절망하게도 한다. 그래서 우리의 참 정체인 거룩함은 그 환상들에 의해서 번번이 가려진다. 가려진 우리의 거룩함에는 행운에 즐거워하다가도 이내 역경에 슬퍼하는 우리 꿈의 주인공이 만들어져서 따라온다.

오직 실재에만 주의를 기울여서 허느님이 주신 '거룩함'에만 초점을 두고 주의를 집중할 때 행운도 역경도 우리의 정체를 혼동시키거나 우리를 동요시키지 못하게 된다. 이때는 우리가 더 이상 삶의 희로애락에 시달리며 고통스러워하는 꿈의 주인공이 아니라 꿈의 주인인 꿈꾸는 자가 될 수 있는 때이다.

나그네는 좋은 날 궂은 날을 가리지 않는다. 행운이든 역경이든 환상이기는 마찬가지이고, 어느 것도 진짜(실재)가 아니라 '가짜로 더해져서' 오직 잠시만 머무르다 사라지고 만다는 진리를 알기 때문이다.

나그네(passers-by)란 무엇인가? 4
- 나그네는 '모두에게 모든 것을 준다.'

나그네가 길 위에서 만나는 모든 것을 용서하는 이유

워크북 297:1 용서는 내가 원하는 유일한 선물이기에, 내가 주는 유

일한 선물이다. 나는 내가 주는 모든 것을 나 자신에게 준다. 이것이
구원의 단순한 공식이다.

우리는 시간 안에서, 이 세상 속에서 사는 동안 길 위에서 누군가를 혹은
무엇인가를 만나고 경험하게 된다. 그중 어떤 이는 소위 '좋은' 인연으로 도
반이 되거나 친구가 되거나 사랑하는 관계가 된다. 그리고 어떤 사건은 평생
영향을 미치는 긍정적인 경험으로 기억되기도 한다.

반면에 인생의 여정 위에서 만난 다른 사람과는 원수가 되거나 평생의 적
이 되거나 증오를 품고 사는 관계가 되기도 하고 어떤 사건에 휘말린 경험은
평생을 쫓아다니며 고통을 주는 상흔(트라우마)으로 남기도 한다.

길 위에서 만나게 되는 그 무엇에도 마음을 빼앗겨서 투자하거나 집착하
지 않고, 궂은 날과 좋은 날을 가리지 않고, 과거와 환상처럼 실재에 '거짓으
로 더해진 것'에 속아서 길 위에서 지체하지 않는 나그네는 또한 길 위에서
만나는 모든 사람에게 모든 것을 준다. 이것만이 나그네가 모든 것을 소유하
는 비밀인 것을 알기 때문이다.

텍스트 6:64 소유하기 위해서, 모두에게 모든 것을 주라(To have,
give all to all).

여기서 '모두'는 예외 없이 모든 하느님의 아들들, 즉 모든 형제들을 가리킨
다. 그리고 '모든 것(all)'이란 거룩함/신성을 일컫는다. 그것은 또한 '가치를
완전히 인정해 주는 것(full appreciation)'이다.

텍스트 6:64 하느님의 동등한 아들들에게는 단 하나의 동등한 선물만을 줄 수 있는데, 그것은 바로 그들의 가치를 완전히 인정해 주는 것(full appreciation; 즉 거짓으로 보태진 것이 아니라 그들의 신성/완벽함/거룩함을 보고 인정해 주는 것)이다. 그 이상도 그 이하도 없다.

이 개념은 완벽한 동등성에 대한 믿음이므로, 이것을 믿지 않고서는 기적을 행할 수 없다.

기적은 우리가 형제에게서 그리스도 혹은 거룩함이라는 실재만 볼 때 일어난다. 형제의 모든, '거짓으로 보태진 것'을 간과하여 용서할 때는 그의 신성/거룩함만 보일 것이다. 그리고 이럴 때는 그 형제도 나도 또 모든 이들도 완벽하게 동등하다고 할 수 있다(더 이상 분리시키고 구분을 짓던 분리의 믿음과 환상인 몸의 차이들이 없어지므로).

결국 완전한 용서가 있어야만 완벽한 동등성이 보장되는 것이다. 그러므로 형제에게 기적을 행하려면 우리와 형제의 완벽한 동등성에 대한 믿음이 있어야 한다. 달리 말하자면 완전한 용서가 있어야 한다. 완전한 용서를 통해서 형제와의 차이는 전혀 보지 않고 형제의 거룩함/신성/완전함만 보게 될 때 기적이 일어나서 형제는 치유되는 것이다.

이 용서는 '모두'를 대상으로 하고 '모든 것'을 대상으로 한다. 그래서 "소유하기 위해서는, 모두에게 모든 것을 주라(To have, give all to all)."라는 성령의 첫 번째 레슨이 나온다(텍스트 6:64).

"모두에게 모든 것을 주라(give all to all)."에서 '모든 것'을 주는 것은 빵이나 옷이나 집을 주고 그 외에도 다른 무엇이든 주라는 의미가 아니다(물론 그렇다고 해서 빵이든 옷이든 잘 곳이든 형제가 요청하는 것을 줄 수 있음에도 불구하고 주지 말라는 의미도 아니다).

그것은 역설적으로 형제의 다른 모든 비실재인 것(실수, 잘못, 부족함 등)을 용서하고 오직 '거룩한 본성/신성/거룩함'만을 인정해 주라는 것이다.

여전히 몸에 초점을 두는 사람이라면 여기서의 'give all(모든 것을 주라)'의 의미에 대해서 물질을 주는 것이 아니라 그 사람의 신성/불성을 인정해 주는 것이라면 현실적으로는 '모두'라는 말이 가진 표면적 의미와는 정반대로 '아무것도 주지 않는 것'일 뿐인 것이 아니냐고 불평 어린 해석을 할 여지도 있다. 그러나 본성적인 거룩함과 신성을 인정해 주지 않고서 다른 환상적인 속성들을 인정해 주거나 어떤 물질적인 것들을 주는 것은 가장 중요한 것은 제외하고 부차적인 것들만 주는 것인 셈이다.

두 번째 레슨: To have peace, teach peace to learn it(평화를 얻으려면 그것을 배우기 위해서 평화를 가르치라).
세 번째 레슨: Be vigilant only for God and His Kingdom(오직 하느님과 그의 나라에만 주의를 쏟으며 깨어 있으라).

우리가 형제에게 돈이나 음식이나 옷을 주더라도 궁극적으로는 아무것도 준 것이 아니다. 그것들은 결국은 아무것도 아닌 것(nothing)일 뿐이기 때문이다. 그러므로 우리가 남에게 주는 것만 우리 스스로에게 주는 것이라는 원리에 비추어 볼 때 무엇인가 실재인 것을 소유하려면/가지려면 무엇인가 실재인 것을 주어야 한다.

그래서 all, 즉 모든 것인 형제의 거룩함/신성/불성을 하나도 남김없이 모든 형제(all)에게 (인정해)주어야 내가 그 신성/거룩함을 소유할 수 있다. 모든 것(all)의 의미는 거짓으로 보태진 것이 아닌 것, 진정한 가치의 인정, 실재가 아닌 nothing을 제외하고서도 여전히 남는, 형제의 변함없는 본질인 신성/불성인 것이다.

용서의 한 정의가 실재가 아닌 것을 '알아보고 산과하는 것'이므로 '형제에게 모든 것을 주기'의 다른 표현은 '내가 형제에게 줄 유일한 것인 용서만을 줌'이라고 할 수 있다. 내가 원하는 것도 오직 용서뿐 이기에(나머지는 그 무엇이든 nothing이 아닌가?) 내가 줄 유일한 선물도(그래서 나 스스로에게 줄 것도) 용서뿐이다. 용서만이 모든 환상들을 제거하고 우리의 본성처럼 오직 실재인 것만 드러내기 때문이다.

이때에야 비로소 "소유하려면, 모두에게 모든 것을 주라(To have, give all to all)."고 하는 성령의 첫 번째 레슨은 본래의 의미를 찾는다.

다른 어떤 것(all에 미치지 못하는 것)을 주더라도 궁극적으로는 왜소한 것(little things)이 아닐 수 없고, 그래서 '아무것도 아닌 것(nothing)'이기에 내가 소유하는 데 도움이 될 수 없다. 모두에게 모든 것, 즉 용서를 통해서 그 이후에도 유일하게 변치 않고 남는 형제와 사물의 본성/실재/거룩함을 주어야만 내가 비로소 그 거룩함을 소유할 수 있다.

나그네는 길 위에서 만나는 그 누구든, 그 무엇이든 용서한다. 그렇게 함으로써 모두에게 모든 것을 준다. 이렇게 할 때만 나그네의 거룩함이 다시 기억되고 구원과 천국이 발견되기 때문이다.

3) 왜소함과의 이별이란?

에고의 모든 양상들은 '작디작은 것' 혹은 '너무나 사소한 것'이라는 의미로 '왜소함(littleness)'이라고 불린다. 환상을 가리키는 'nothing(아무것도 아닌 것)'과 기본적으로 다르지 않은 개념이다. 심지어 우리가 '좋은 것'이라고 생각하고 '나쁜 것'보다 선호하는 것조차 이원성에 기초한 것이기에 완벽한 일체성과 온전성(wholeness)이 가리키는 실재가 아니라는 의미에서 왜소한 것이다.

왜소함 혹은 왜소한 것들 속에 빠져서 젖어 있을 때는 믿음 대신 회의적 분석을, 사랑 대신 비용 대비 편익의 계산(cost-benefit analysis)을 한다. 비전이 아니라 판단을 할 수밖에 없다. 그러므로 **믿음과 사랑을 회복하는 것이 왜소함과의 이별이다. 이런 이별을 통해서 하느님의 기억, 사랑의 기억, 참된 자기 자신의 기억이 돌아온다.**

왜소함과 이별하는 것은 실재를 알고 난 후 이제는 더 이상 에고에 대한 **관심을 유지하거나** 주의 집중을 하지 않는 것이다. 몸 이상의 것 찾기, '너무나 사소한 것들'에서 돌아서기, 몸이 아니라 영인 진정한 자기정체를 찾기이다.

워크북 특별주제 12 에고란 무엇인가?

4. 실재를 안다는 것은 에고와 에고의 생각들, 에고가 벌여 놓은 일들, 에고의 행위들, 에고의 법칙들과 믿음들, 에고의 꿈들과 희망들, 에고가 자신의 구원을 위해 세워 놓은 계획들, 그리고 에고에 대한 믿음에 수반되는 비용을 전혀 보지 않는 것이다.

왜소함(littleness)에 대하여 1

- 왜소함의 스펙트럼

(littleness: 왜소함, 너무나 사소한 것, 찌질함, 아무것도 아닌 것, 작디작은 것)

아주 자질구레한 것이거나, 싸구려이거나, 몹시 초라한 외모를 가졌거나 조잡하고, 사소하며, 별 의미도 가치도 없는 것만이 아니라 비싸고, 화려하고, 넓고, 크고, 배타적으로 독점적이고, 고귀한 영웅적인 면모를 가진 것과 경국지색의 미모조차도 왜소한 것(little things; littleness)이다. 가장 절박하고 심각하며 필요하고 중요해 보이는 일들조차도 왜소한 것(little things; littleness)이다. 꾸고 있는 꿈이 아무리 아름다운 것, 혹은 무서운 것일지라도 그 꿈속의 것들은 모두, 예외 없이 왜소한 것들이다.

진리, 선, 아름다움, '색성향미촉법'과 '안이비설신의'가 관계하는 '안계 내지 의식계' 전체의 작용들(반야심경)이 모두 왜소함(littleness)이다. 우리가 그렇게도 중요하게, 심각하게, 특별하게 여기며 필요로 하던 것들이, 그래서 결여와 부족을 느끼던 것들이 다 왜소함이다.

게다가, 지금 놀라고 있을 당신의 느낌조차 왜소함(littleness)이다.

텍스트 15:28 왜소함을 주지도 말고, 받아들이지도 말라. 하느님이 머물러 사시는 집 주인은 모든 영광을 받아 마땅하다.

텍스트 15:39 지금 당장 거룩한 순간을 네 것으로 만들라고 청하니, 하느님을 맞아들이는 집 주인의 마음이 **왜소함에서 해방되는 것**은 시간이 아닌 용의에 달려 있기 때문이다(love waits on welcome not on time).

텍스트 15:103 모든 고통과 희생과 **왜소함이 우리의 관계에서 사라질 것**이다. 우리의 관계는 우리와 아버지와의 관계만큼 순결하며, 또한 그만큼 강력하다.

찾으라, 그러나 발견하지는 말라!
- 두려움이 쓰는 전략의 특징

Nothingness(무, 공)라는, 그 본질적인 성격 때문에 littleness의 외모들, 즉 육체적 즐거움들, 돈, 명성, 권력은 결코 우리의 정체성을 입증해 주지도, 강화해 주지도 못한다. 그것은 다만 우리의 정체를 제대로 보는 해방과 환희의 순간을 늦출 뿐이다.

그리고 그런 순간이 이르기까지의 우리의 고난의 여정을 좀 더 애처롭게 만드는 것은 다음의 사실이다.

우리의 가장 최후의, 궁극의 추구인 권력/힘(power)은 자신의 정체성으로서 이미 가지고 있으나, 다만 그것을 지각으로 인해서 제대로 보지 못하고 아버지에게서 찬탈했다고 하는 틀린 믿음의 대상물로서만 상상하고 있는 가짜 권능이다.

마치 바위에 '매달린' 시지프스처럼 아무리 애타게 찾아보았자 결코 발견할 수 없는, 이런 실존의 부조리와 거기에서 비롯되는, 빠져나올 희망이 전혀 없는 고통이 우리 삶의 초상이 가진 전반적으로 칙칙하고 음울한 색조의 원인이다. 부조리한데다 더해서 가차 없는 결산이 기다리고 있고 덧없이 짧기까지 한 우리 삶은 구역질나게 왜소하지 않은가 말이다.

두려움이 뿌리내리고 있는 모습은 크게 분류해서, 개인과 내면의 양상, 즉 개인 차원에서 그리고 내면에서 경험되는 국면들과 공동체와 바깥의 양상 즉 바깥에 존재하는 세상 속에서 다중에 의해 전승되거나 나누어지는 두려움의 경험적인 국면들로 나눌 수도 있다.

그것들은 각각 지각-몸-죽음-시간과 부모-사회-종교-역사-교육으로부터의 영향과 같은 양상들이다. 두 종류의 양상이 다 몸에 집중하게 하고(몸으로서의 자기 정체성을 확인시켜 주는 판단, 특별함, littleness-텍스트 31:76, 워크북 50:1), 죽음이 상상하게 하는 절망에서 헤어나지 못하게 하며, 선형적인 시간의 덧없음을 슬퍼하며, 지각으로 만들어지는 끝없는 판단만으로 아쉬운 생을 지탱하게 한다.

또한 사랑 대신 특별함을 추구하도록 가치들을 주입하고, 결여와 부족의 신화가 진리임에 틀림이 없는 이 세상에서 살아남는 것은 '권력'만이 보장해

숨과 그 권력(power)을 얻는 것은 논(money)과 명성(fame)의 기조 위에서만 가능하다고 설교한다. 부모도 친구도 연인도 학교도, 심지어 교회도 같은 얘기를 할 때, 한 개인이 "다른 길이 있음에 틀림없어!"라고 외칠 수 있는 여지는 별로 없어 보인다.

다 사라지지 않고 남아 있는 왜소함의 환상
- 사랑과 치유를 원하지 않는 두려움의 최후 저항

아버지에게서 찬탈했다고 믿기에, 추구해서 설령 얻게 되더라도 가짜임을 알기에, 권력(권능, 힘)의 추구를 통해서는 결코 만족도 행복도 불가능하다. 원래 내면에 가진('불성상청정' 6조 혜능의 게송), 그리고 유산으로 이미 지닌 정체인 내재적 성품을 바깥에서 구하려니 고통은 지속되고, 평화는 요원하다.

애초에 바람처럼 손에 잡히지도 않고, 구해질 수도 없는 것을 구하는 데다가 자기가 하느님에게로부터 찬탈했다고 믿는 것을 구하는 것이기에 그런 추구의 과정에서 행복, 평화, 기쁨을 누리는 것은 처음부터 불가능하다.

그래서 '환상의 잔재(머뭇거리는 환상 the lingering illusion 텍스트 29장 VIII)'란 여전히 바깥에 행복의 원천이 있을 것이라고 믿으면서 아직도 투사-환상-세상이라는 바깥 사이클에 대한 미련을 온전히 못다 버리고 왜소함에 대한 미련을 가지고 있는 것을 가리킨다.

왜소함(littleness)에 대하여 2

- 현란한 외모로 우리를 속이는 왜소함(littleness)

(littleness: 왜소함, 너무나 사소한 것, 찌질함, 아무것도 아닌 것, 작디작은 것)

자신의 정체, 위대함의 품격(Magnitude), 격조, 스케일(참 정체성, 신성, 불성, etc)을 기억하지 못하게 현란한 외모로 우리를 속이는 littleness (왜소함) - 기만적인 바깥으로의 초대

수업에서 왜소함/littleness의 예로 예수가 여러 번 적시하는 몸의 쾌락, 돈, 명성, 권력의 사이클(교사 지침서 13. 워크북 133:2)에 대한 거의 보편적이라 할 추구는 littleness의 자못 명백한 보기들이다.

> **워크북 133:2** 너는 삶에게 너무 많은 것을 청한다기보다는, 너무 적 게 달라고 청한다. *몸에 대한 관심사들, 네가 사들이는 것들, 세상이 가치 있게 여기는 명성에 마음이 이끌리도록 허용할 때, 너는 행복 이 아닌 슬픔을 달라고 청하는 것이다. 이 수업은 네가 가진 사소한 것들을 앗아가려 하지 않는다*(This course does not attempt to take from you the little that you have).

> **교사 지침서 13:2** *권력, 명성, 돈, 육체적 쾌락 - 이 모든 것을 소유 한 주인공은 누구인가? 그것들이 몸이 아닌 것에게 어떤 의미라도 있을 수 있겠는가? 하지만 몸은 평가할 수 없다. 이러한 것들을 추 구함으로써 마음은 자신을 몸과 관련짓게 되고, 결국 자신의 정체 를 가려서 자신이 참으로 무엇인지 잊게 된다*(Power, fame, money,

physical pleasure - who is the hero to whom all these things belong?).

왜소함(littleness)은 또한, 자신이 중요하다고 여기거나, 그에 관한 필요를 느끼거나, 유난히 에너지를 쏟는 무엇에라도 붙일 수 있는 명칭이기도 하다.

이 왜소한 것들을 대하는 것과 관련해서 흔히 권력, 명성, 돈, 쾌락 같은 것들을 반드시 즉시 포기하고, 즉 모든 소유를 당장 버리고 누군가를 혹은 어떤 신조들을 따르고 지켜야만 구원을 얻을 수 있다는 일부 종교적 교리들과 혼돈을 일으킬 필요는 전혀 없다.

그런 교리들 중의 한 예는 신약성서에 나오는 젊은 부자의 이야기와 관련이 있는데, 그 부자는 예수가 "네 모든 소유를 팔아서 가난한 자들에게 나누어 주고 나를 따르라"고 하자 낙담해서 떠났다고 전해진다.

기적수업에서 말하는 '왜소함'이란 우리가 추구하는 권력, 명예, 돈, 쾌락을 가리키기는 하지만 그것들을 버리고 그것들의 추구를 멈추는 것과 우리의 마음의 평화(구원, 용서, 기적, 치유라고 불러도 좋을)는 직접적인 인과관계가 없다. 이런 오해는 상당히 보편적이기에 오히려 "네가 가진 사소한 것들을 이 수업은 앗아가려 하지 않는다."고 수업은 지적한다. 신약의 '젊은 부자'의 이야기를 피상적으로 가볍게 해석하지 말아야 할 이유이기도 하다.

유년기나 과거 어느 때의 트라우마, 평생 간직하고 있는 콤플렉스, 유난히 매력을 느끼는 관심사나 취미, 양보하기 어려운 정치적 신념, 모든 것을 바처도 좋다고 느끼는 종교적 신앙, 긴 시간 키우고 다듬어온 사업과 전문지식, 직장에서의 성취, 운명적인 관계로 확신되는 원수나 배우자나 애인, 자식이나 부모와의 관계, 인생의 목표로 삼은 어떤 것이나 어떤 사람, 가슴 뛰게 만드는 명분과 소명들, 가장 흥분시키는 판타지와 시대정신과 거대 담론들….

'특별함'의 형상을 지니고 '몸'을 자기 정체성으로 확인하는 경향이 있는 이들 중의 어느 하나라도 혹은 이들 모두가 littleness를 구성한다. 이것들을 실재라고 여기지 않기는, 그래서 투자를 하지 않거나 속지 않은 채 본질을 꿰뚫어 보며 살기는 몹시 어렵기 때문이다.

이런 것들에 대한 갈망과 추구와 집착이 왜소함(littleness)인가 하면 그런 것들 자체도 왜소함(littleness)이다. 일견하기에는 화려하고, 매혹시키며, 중요하고 심각하게 보이는 모습을 가지고 있는 경우가 대부분이지만, 그 본질에 있어서 littleness는 단지 '무(nothing)'이기에 심지어 우리의 짧은 인생 경험에서도 절망과 허무에 수렴되는 성격과 성향을 때때로 아무도 부인할 수 없게끔 나타내 보여 주기도 한다.

(가깝게는 당신 자신의 미색이든 젊음이든 총명함이든 얼마나 오래 지속될 것이며, 당신의 명성과 재물과 권력은 앞으로 몇 년이나 더 의미 있게 향유될 수 있을 것인가 말이다.)

그것이 아름다움이든, 영민함이든, 가공할 수준의 신체적인 힘이나 권력이든, 젊음의 싱싱함이든 다 마찬가지이다. 물질계에서 시간이 흐르면서 모든 것이 스러지고, 결국 혼돈을 향해서 진행하듯('엔트로피'), 그렇게도 매혹적이던 littleness가 점차 약화되어서 당혹스럽게 만든다는 아이디어는 예술과 문학의 주요한 주제들 중의 하나이자 수많은 철학자들이 존재에 관한 사유에서 출발점으로 삼은 것이기도 하다.

몸에 대한 관심에서 시작해서 점차 외연을 넓혀 나가는 그 사이클의 추구에, 즉 바깥에서의 특별함 추구에 전념하느라 자신의 내부와 자기의 진정한 정체를 보지 못하게 하는 것이 littleness의 특징적인 기능이다. 아무것도 필요한 것이 없을 만큼("I need nothing.") 완벽한 자신의 정체를 미처 깨닫지 못하도록 특별해 보이는 바깥으로의 주의집중을 유도해서 속이는 것이 바로 왜소함(littleness)인 것이다.

왜소함(littleness)의 열매(즉 littleness 추구의 대가)는 결코 사소하지(little) 않다.

에고가 시간 속에서 우리를 비난하고 정죄하며, 낙담하도록 속이는 것은 바로 우리의 littleness의 이러한 면면들과 관련되어 있다. 다시 말해서, 시간 속의 우리 실존의 어떤 국면들을 시간 밖의 우리의 본질과 혼동시킴에 의해서 에고는 우리를 속인다. 우리는 정당한 이유에 의해서가 아니라 단지 '속아서' 자신이 누구인지 잊은 채 죄책감 속에서 왜소해지고, 허무함 속에서 낙망하며 수축된다.

왜소함의 이 속임수는 우리가 실재도 아닌 환상을 인생의 목표로 삼고 모든 생을 탕진하거나, 단지 투사인 것을 대단한 악이거나 심오한 의미를 지닌 싸움의 대상인 실재인 양 부둥켜안고서 이겨 내려고 온 생을 씨름하거나 간에 성공하고야 만다.

그래서 인생이 제공하는 듯 보이는 소위 매력적인 것들(littleness)에 대해서는 "찾지도 피하지도 말라." 혹은 "향하면 빗나간다."라는 가르침으로 예로부터 경계했다. 어차피 실재가 아닌 것을 인생에서 굳이 찾지도 말고, 또 반대로 굳이 피하지도 말라는 것이다(이런 경우에는 피하는 것 자체가 두려움을 매개로 대상을 실재화하기 때문이다.)

텍스트 5:90 너는 걱정할 필요도 없고 신경 쓰지 않을/무심할 필요도 없다(You need be neither careful nor careless).

워크북 184:11 어둠의 세상을 묘사하는 그 모든 하찮은 이름들과 상징들을 사용하라. 하지만 그것들을 너의 실재로 받아들이지는 말라(Use all the little names and symbols which delineate the world of darkness. Yet accept them not as your reality).

왜소함(littleness)에 대한 그런 추구는 생쥐 한 마리(텍스트 22:48 a frightened mouse; this tiny mouse)를 보고서는 혼비백산해서 전쟁을 준비하겠다고 하는 것 혹은 아무것도 아닌 일에 오해나 착각으로 인생을 다 걸고 야단법석을 떠는 것(*Much Ado About Nothing*)과 다르지 않다.

텍스트 22:48 *두려움은 얼마나 약한지! 얼마나 왜소하고, 얼마나 무의미한지! 사랑이 결합시킨 자들의 고요한 힘 앞에서 얼마나 하찮은지! 우주를 공격하려는 겁에 질린 쥐, 이것이 바로 너희의 "적"이다. 그 쥐가 과연 성공할 리 있겠는가?*('a frightened mouse that would attack the universe.' How likely is it that it will succeed?)

왜소함(littleness)에 내하여 3
- 왜소함(littleness)이 초래한 우리 삶에서의
한계들(limitations)에서 해방되는 것의 의미

(littleness: 왜소함, 너무나 사소한 것, 찌질함, 아무것도 아닌 것, 작디작은 것)

텍스트 9:92 분리는 위대함 (품격)에서 왜소함으로 내려오는 것이었다(The separation was a descent from magnitude to littleness).

텍스트 15:25 *왜소함이 지배하는 세상에서* 너의 위대함에 대한 완벽한(조금도 흔들림 없는) 자각을 유지하는 것은 왜소한 자들은 감당해 낼 수 없는 일이다(To hold your magnitude in perfect awareness in *a world of littleness* is a task the little cannot undertake).

분리와 그 이후의 모든 고통과 한계들의 역사는 우리가 스스로 우리의 참된 정체성인 Magnitude(위대함)를 버리고 littleness(왜소함)를 선택하면서 시작되었다. 그러므로 그 시작에 대한 대역전이 일어나기 전에는 세상 속, 시간 안에서의 삶에서 우리의 '한계들'이 모두 제거되어 사라지고, 완벽하고 최적인 환경과 조건들 속에서 살게 되기를 바라는 것은 부질없는 짓이다(그리 지긋지긋해 하는 한계들은 단지 우리 스스로의 선택이 결과로 펼쳐지고 있는 것뿐이지 않은가 말이다. 그래서 원인 차원의 다른 선택이 없다면 무슨 수로도 결과가 달라지지 않는다).

예수조차도 인간으로서, 중력과 노화와 육신의 죽음 같은 물리적 한계들, 인간들과의 소통의 어려움 같은 정신적인 한계들 속에서 살았다.

수업은 시간 밖의('not in time' but in eternity) 진리에 대한, 그리고 바깥이 아니라 우리의 내면에 관한 가르침임을 기억해 볼 때 수업의 학생이라면 애당초 바깥에 존재하는 세상에서의 한계들에 집착하지 말아야 한다(마찬가지로 세상에서의 영광과 성공들에도 의미를 두지 말아야 한다. 그래서 수업의 학생은 어느 정도 최소한의 품격이 필요한 것 같다).

우리는 이런저런 '한계들'과 '문제들'과 '고뇌들'이 완전히 우리 삶의 지평에서 사라져 존재하지 않게 되는 것을 목표로 삼거나 그런 상태를 우리 영적 성장의 척도로 여겨서는 안 된다. 아래 교사 지침서가 말하듯, 그런 한계들이 여진히 존재함에도 불구하고 그것들에서 너 이상은 전처럼 영향을 받지 않는 것이 우리의 자유이자 해방이다. littleness가 우리를 기쁘게 한들 혹은 슬프게 한들, 대체 얼마나 그럴 수 있을 것인가 말이다.

> **교사 지침서 26:4** 한계(해결이 요원한 문제점들이나 고통들을 가리킴) 없이 사는 것이 아니라(비록 우리의 지각에는 그들이 '존재하는 것으로 지각될지라도'), 그 한계들에서 *자유로이 해방되어서 사는 것이 우리의 기능이다*(Do not despair, then, because of limitations. It is your function to escape from them, but not to be without them).

실재(사랑/진리)에 대해서 공부하고 배워서 실재를 알게 된 학생은 인생에서 더 이상 먹고 사느라 해야 할 일, 귀찮고 심지어 성가시고 고통스럽기까지 한 사고들이나 병 혹은 다른 이들의 공격 등이 이후에는 전혀 생기지 않는 것이 아니라는 것을 안다(아래 워크북 특별주제 12:4 참조).

그렇다면 실재를 알기 전과의 차이는 무엇일까? 답은 비록 한계들이 발생해서 겪게 되어도 그것들에게 더 이상은 전처럼 속아서 얽매이지 않고 해방되는 것, 즉 **자유로워지는 것**이다.

그 닥치는 일들, 삶에서 발생하는 상황들을 처리하고 대책을 세우기는 하나 그렇게 해도 더 이상은 이전처럼 괴롭지 않다. 그냥 담담히 할 수가 있다. 그것들은 에고가 만든 환상들로서 꿈속의 사건들로서 아무것도 아니요, 영혼을 바칠 가치가 없는 일인 줄 알기에 더 이상 진정한 고통이나 짐이 아니라 그냥 할 일, 겪을 일이다.

속아서 혼비백산하거나 기를 쓸 필요가 없다. 고통이 비록 생생하게 느껴져도 거짓이고 하나의 특수효과일 뿐이며 실제로 일어나는 것은 아니다. 거짓과 특수효과는 그것을 기대했거나 즐기려는 사람에게는 더욱 생생하게 느껴질 뿐이다.

이제 바라보는 것은 더 이상 만물과 사건들의 표면이 아니다. 그 차원은 바라보는 바가 아니다. 그래서 이제 더 이상은 에고에, 즉 세상에서 일어나는 일들이나 에고가 만들어내는 것들(왜소함)에 휘둘리지 않는다. 최소한의 것 이상은 주의를 집중하지 않고 그냥 주시하고 바라보기만 한다. 최소한의 접촉과 최소한의 대응으로 충분하다.

어차피 아무것도 아닌 것에 주는 것이 합당한 정도만 주의를 준다. 그리고 옆으로 치워 둔다(lay aside). 그리고는 오직 하느님과 그의 나라, 즉 실재에만 주의를 기울인다. 그 나라의 본질적인 평안함 때문에 거기에만 진지하게 주의를 쏟는 이는 행복하고 평안하다.

이것이 인생의 한계들(limitations in life)을 다루는 법이다. 그것들이 없어지게 만드는 것이 아니라 그것들이 더 이상 지배하지 못하고 영향을 미치지 못하게 하는 것이다. 사실 없어지게 만들려고 애써 보았자 반대로 강해지고 커지기만 하는 것이 왜소함과 환상의 속성이다.

> **워크북 주제 12:4** 실재를 안다는 것은 에고와 에고의 생각들, 에고가 벌여 놓은 일들, 에고의 행위들, 에고의 법칙들과 믿음들, 에고의 꿈들과 희망들, 에고가 자신의 구원을 위해 세워 놓은 계획들, 그리고 에고에 대한 믿음에 수반되는 비용을 *전혀 보지 않는 것*이다.

우리가 삶의 한계들로 인식하는 것들은 삶 자체가 에고의 기획에 의한 꿈이요 환상이라는 진리에 비추어 볼 때 모두 에고의 행위들이고 에고의 생각들이다. 그러므로 실재를 알게 된 우리로서는 더 이상 혼비백산하며 놀라지도, "이젠 끝이다, 혹은 이젠 죽었다." 하고 당황하지도 않는다.

약간 반응하는 가짜 자기를 지켜보다가 이내 더 이상 속지 않고 다시 자각한다. "나는 몸이 아니고 영이기에 이런 수준의 일들이 동요시킬 수 없는 자"임을 기억한다.

한계들은 여전히 있으나 그들이 더 이상 얽어매지는 못한다. 그로부터 자유롭게 놓여난 것이다('escape from').

더구나 이제는 초기의 반응에 이은 선택과 결정이 성령께 위임되기 때문에 더더욱 시간이 갈수록 편해지고 자유로워짐을 느끼게 된다. 이런 태도로 살아갈 때 마음의 훈련과 시험의 필요성이 줄어듦에 따라 그런 사고나 불행이나 아픔을 겪는 일도 줄어들고 없어질 것이라 짐작할 수 있다. 성령이 계획하신 대로 우리는 깨달아 갈 것이다.

만약 우리가 궁극적으로 존재하지 않는 세상 안의 삶에서 한계들 없이 원하는 것들을 다 가진 채 살고 싶어 한다면, 그것은 환상인 것을 실재화하는 것인 동시에 그 끝이 허무할 수밖에 없는 집착일 뿐이다. 그것이 바로 본성이자 정체인 '장엄함(grandeur)'을 버리고 '왜소함(littleness)'을 선택하는 것이다. '위대함'에서 '왜소함'으로 내려오는 것이다.

> **텍스트 9:43** With the grandeur of God in you, you have chosen to be little and to lament your littleness(하느님의 장엄함이 네 안에 있음에도 불구하고, 너는 왜소해지기로(to be little) 그리고 너의 왜소함을 한탄하기로 선택했다).

물론, 시간 안에서조차도 한계들을 극복해 보고 싶어 하는 그 심정을 이해할 수는 있지만, '응무소주 이생기심'의 진리가 비추어 인도하듯, 진리가 아닌 것에 대한 과도한 주의집중과 마음의 천착은 '속는 것'이고 '투사'를 확대하고 심화하는 것일 뿐이다.

왜소함(littleness)이 가장 영적인 부류의 구도자들조차 속일 수 있었던 이유가 바로 이런 '완벽함'의 판타지와 관련한 우리의 욕망이 그만큼 강력하고도 은밀하기 때문임을 기억해야 한다.

세상 속에서의 우리 삶의 조건들이나 환경은 수업의 올바른 학생들에게라면 더 이상 영향을 미치지 않는다. littleness라고 수업이 부르는 그것들, 즉 종종 비루해지는 삶의 정황들이 비록 마법처럼 눈 깜짝할 새에 사라지는 일이 없더라도 말이다.

시간 안에서의 조건, 환경, 일들의 상태와 상관없이 시간 밖으로부터의, 오직 실재만이 줄 수 있는 평화, 행복, 기쁨 속에 사는 우리들에게 그런 마법은 더 이상 흥분시키거나 갈망되는 것이 아니다.

물론 이 평화, 행복, 기쁨조차도 용서와 마찬가지로 천국으로 건너가게 돕는 다리일 뿐이다. 일시적인 용도의 상태일 뿐인 것이다. 정작 천국에서의 상태에 대해서는 우리의 언어적 묘사를 초월하거나 우리의 이해를 넘어서는 것으로 보는 것이 옳다(워크북 200:8)

비트겐슈타인 "말할 수 없는 것에 대해서는 침묵해야 한다(Whereof we cannot speak, thereof we must be silent)."

세상에 있는 동안의 왜소함의 극복이란 것은 있어도 좋고, 없어도 그 나름대로 좋은 것일 뿐이다. 왜소함과 그로 인한 한계들은 있는 것 같지만 결코 영향을 미치지는 못하는 것이다. '몽환허화 하로파착(꿈 속 환상 속)'의 가짜 꽃을 무슨 수로 붙들어 둘 것인가(4조 승찬의 '신심명')? 왜소한 것들을 사용하기는 하지만 결코 믿거나 실재로 받아들이지는 않기 때문이다(워크북 184:11).

거듭 강조하지만, 진리를 추구하는 자의 진짜 싸움은 왜소함(littleness)에 속하는 것을 조금 더 잃거나 얻는 것과는 아무런 관련이 없다. Littleness의 차원을 일단 벗어나서 보지 못한다면, littleness 차원의 무엇인가를 좀 더 획득하거나 지켜 내는 것도 여전히 littleness일 뿐이다.

그래서 기적수업 학생의 목표는 분리 이후로 마치 우리의 본성인 것처럼 오해되고 있는 littleness(위 9:92)의 너머를 보고 자신의 정체를 다시 아는 것, 즉 자신의 위대함(magnitude)을 조금의 흔들림도 없이 알아차리는 것이라야 한다(위 15:25 'in perfect awareness'). 자신의 본래의 힘과 영광 그리고 품격에 대한 이런 완벽한 앎만이 우리로 하여금 littleness를 벗어나고 분리를 극복하게 한다.

그러므로 수업의 사고체계를 공부하라는 초대는, 수업을 불러준 예수의 표현을 빌리자면, 진정한 영적인 거인들을 부르는 초대이다.

왜소함(littleness)에 대하여 4
- 속죄의 포괄성에 비추어 본, 왜소함 (littleness)에 대한 의문 제기의 가치
(littleness: 왜소함, 너무나 사소한 것, 찌질함, 아무것도 아닌 것, 작디작은 것)

속죄란 무엇인가?

속죄는 기적이라는 수단을 통해서 치유라는 결과를 낳는 원리이다(텍스트 2:52). 속죄란 교정 즉 잘못의 무효화이다. 과거로부터 전적인 벗어남, 미래에 대한 전적인 무관심이다.

기적수업 교사의 유일한 책임은 속죄를 자기 스스로 받아들이는 것이다. 즉 자신의 '모든 잘못'이 교정되도록 허용하는 것이다.

스스로 완벽하게 속죄를 받아들인 자는 세상을 치유할 수 있다. 그러므로 교사의 치유실패는 스스로 속죄 받아들이기를 거절한 것이다.

속죄를 받아들이는 것은 하느님의 아들에게서 판단을 거두고 '하느님이 창조하신 대로(As God created)' 받아들이는 것이다. 즉 형제의 '완벽하게 창조됨'을 받아들이는 것이다.

속죄는 하느님의 말씀이다. 이것을 받아들이면 병은 불가능하다. 속죄는 바깥에서 찾아지는 사건이나 사실이 아니다. 무엇보다 먼저 내면에서, 마음 안에서 일어나는 것으로 마음의 한 상태이다.

속죄의 포괄성

속죄에 정도가 없기에 기적에 난이도는 없다(화려하고 거대한 환상이든 초라하고 작은 환상이든 실재가 아니기는 마찬가지이다. 세상의 실재성과 특별성을 사랑하는 사람에게는 참으로 허탈하고 뼈저리게 절망스럽겠지만 말이다…).

속죄 안에 '모든 사람'의 '모든 형식의 병'을 치유할 권능이 있다. 그러므로 속죄는 '모든 상황'에 '완벽하게' 적용된다(양과 질에 있어서 최대, 최고이며 속죄의 효력이 적용되지 않는 예외가 없다. 또한 속죄는 포괄성으로 인해서 아무도 제외시키지 않는다).

'속죄의 포괄성'에 대한 인식의 속도에 따라서 교사의 발전 속도(그리고 비례해서 학생의 발전 속도)가 결정된다. 그렇다면 교사가 시간을 절약하는 방법 중의 하나는 그가 얼마나 속히 속죄의 포괄성을 인식하느냐와 연관이 있다고 할 수 있다(교사 지침서 22:2).

속죄의 포괄성을 이해하는 것은 매우 중요하다. 그것에 따라서 교사의 발전의 속도가 결정되기 때문이다. 확장해서 적용하자면, 이 말은 곧 우리가 삶에서 왜소함이나 왜소한 것들(littleness or little things)을 그것의 어느 한 국면이라도 당연한 것 혹은 피할 수 없는 삶의 정황으로(그래서 우리의 정체의 일부로) 받아들이고 수용하느냐, 아니면 비록 거기에 있는 듯 보이긴 하지만 결코 실재하지 않는 것으로(그래서 우리의 본질적인 모습 혹은 정체성과는 아무 상관이 없는 것으로) 인지하느냐에 따라서 우리의 영적인 눈이 열리는 속도가 결정된다는 얘기가 된다.

속죄의 포괄성에 비추어 본, 왜소함(littleness)에 대한 의문 제기의 가치

> **텍스트 9:43-44** Not to question your littleness is therefore to deny all knowledge and keep the ego's whole thought system intact(따라서 너의 왜소함에 의문을 제기하지 않는 것은 모든 앎을 부정하고, 에고의 사고체계 전체를 고스란히 간직하는 것이다).

Littleness가 가지고 있는 '모든(거대한 것이든 보잘것없어 보이는 것이든 어느 것도 남기지 않는다는 의미로)' 국면에 대한 의문을 제기함으로써 학생들이 보다 영원한 주제인 실재, 천국, 사랑에 대한 질문들을 하도록 유도해서 그들에게 '지각의 전환'을 하게끔 만들기 위한 시간을 절약하게 만든다.

우리 스스로의 장엄함(grandeur)을 잊고 망각하고 부인하며 littleness에 세뇌되고 익숙해져서 산다면 에고의 사고체계 전체를 받아들이는 것이 되고, 이것은 모든 지식을 부인하는 것이다. 에고의 사고체계는 일부만 받아들일 수 있는 것이 아니다. 지식은 총체적이라서 일부를 모르면 전체를 알지 못하는 것이기 때문이다. 결국 이 구절은 littleness를 grandeur 대신 선택하고 난 후 그 littleness를 당연시하는 것이 가지는 결과적 문제에 대한 것이다.

Littleness에 대한 의문을 제기하는 데 있어서는 속죄의 포괄성이 강력히 입증하듯 모든 국면의 littleness에 대한 의문이 제기되어야 한다. 겉보기에 조야하고 추악하며 조잡한 양상의 littleness뿐만이 아니라 우아하고 고상해 보여서 언뜻 보아서는 littleness로 보이지 않기 쉬운 세련된 양상의 littleness에 대해서조차 의문이 제기되어야만 제대로 에고의 사고체계를 전복할 수 있다.

치유와 속죄의 관계

치유와 속죄는 똑같다. 속죄가 받아지고 이어서 제공되는 것이다. 그래서 먼저 속죄를 받아들이면 치유된다. 치유를 필요로 하는 자가 '참으로 누구인지'를 교사가 인식한 결과가 치유이다(identity 문제; 이 정체성 문제의 주인공인 우리는 또한 '저작자(Authorship)' 문제를 가지고 있다).

'선'과 '아드바이타'가 기적수업에 나타난 흔적

기적수업에는 성서의 핵심적인 내용들이 도처에 담겨져 있다. 특히 예수의 산상 복음과 비유들 그리고 사도 바울의 주요 신학적 사상들이 다양한 모습으로 나타나는가 하면 심지어 기독교 신학의 전통적인 주요한 난제들에 대한 기적수업의 독특한 해법들까지 종종 제시되곤 한다.

선불교의 요체와 아드바이타 가르침의 정수가 이미 기적수업에 드러나는 것과 더불어 기독교 신학의 주요 내용이 수업에 들어가 있다는 사실은 기적수업이 가지는 비교종교학적인 가치를 생각해 보게 한다.

기적수업의 요지 하나

텍스트 15:25는 기적수업의 전체 내용이 잘 축소되어 요약된 것으로 볼 수 있다.

왜소함이 지배하는 세상에서 **너의 위대함에 대한 완벽한(조금도 흔들림 없는) 자각을 유지하는 것은 왜소한 자들은 감당해 낼 수 없는 일이다.**
('왜소한 자들은 감당해 낼 수 없는 일' 참고: 히브리서 11장 '세상이 감당할 수 없는 사람들')

15:25 To hold your magnitude

in perfect awareness

in a world of littleness

is a task the little cannot undertake.

이 문장의 영어 원문에서 각 구절들을 나누어 좀 더 자세히 의미를 들여다 보면 다음과 같다.

① To hold your magnitude 너의 위대함을 붙들어 지키는 것은

너의 위대함 - 신성, 불성, 타고난 권능과 영광, 장엄함 (grandeur), 참나의 정체성, 실재인 것(What is real. '공'이 아닌 것='무(nothingness)'가 아닌 것), 텍스트 15:1에서 묘사하는 '근심, 걱정, 불안 없이 오직 완벽하게 고요하고 조용함', '공적영지지심(지눌의 '수심결')'

붙들어 지킴 - 'hold'가 암시하는 간헐적이지 않은 지속성 주의

혹은 시간이 건드리지 못하는 진아/참나를 늘 깨어서 주시하며 알고 있는 것이 '너의 위대함/장엄함을 붙들어 지키는 것'이라 할 수 있다.

② in perfect awareness 완벽한 알아차림 속에

행동(action)이 아닌 앎, 외부 아닌 내면에 있는 반신반의가 아닌 완벽한 앎, 흔들리지 않는 알아차림, 변하지 않는 믿음, 진정한 이해,

혹은 텍스트와 연습서의 목표라고 기적수업이 묘사하는 '완벽한 알아차림 속에' 있는 것이다.

"만약 이것이 확고하게 이해되고 완전한 알아차림 속에 유지된다면…(If this is firmly understood and kept in full awareness…(워크북 196:1))."

수업을 공부하는 목표가 수업에 들어있는 주요 가르침들에 대한 "확고한 이해"와 그 이해가 "완벽한 알아차림 속에 유지되는 것"으로 묘사되고 있다. 이것이 수업의 인지적 측면에서의 목표라고 할 수 있다.

주요 가르침들 즉 지각, 생각, 실재, 환상, 거룩함, 용서, 치유, 속죄, 구원, 일체성, 세상, 실재세상, 기적, 평화 등에 대한 확고한 이해와 완벽한 알아차림 속의 유지를 가리킨다.

③ in a world of littleness 왜소함이 지배하는 세상에서

'세상은 없다'는 가르침에서의 실재하지 않는 세상

환상인 세상(불이론; 아드바이타에서 말하는)

세상이라는 '환'이자 '상'

'무(nothingness)'인 세상(공중무색)

왜소한 자들의 세상

하찮은 것의 세상

혹은

보잘것없는 세상이 '왜소함의 세상'이다.

④ is a task the little cannot undertake. 왜소한 자들은 감당해 낼 수 없는 일

세상이 감당할 수 없는 일(히브리서 11:38)
왜소한 자들은 감당해 내기 어려운 일(그만큼 큰 'vigilance(경계)'가 필요한 일이라는 의미)
왜소한 자들에게는 어울리지 않는 과업

우리의 본연의 장엄함(grandeur)을 지키려면 왜소함에게 치러야 하는 대가 - 깨어 있기, 세상과 모든 형상들의 너머를 보고 실재에만 집중하기

> **텍스트 15:25** It does require vigilance to protect your magnitude
> in this world(of littleness)(이 왜소함의 세상에서 너의 장엄함을 보
> 호하려면 경계가 필요하다).

우리의 장엄함이라는 본성을 지키려면 왜소함의 세상이기에 그만큼 큰 '경계' 혹은 '주의집중'이 필요하다.
속이고 왜소함이 압도하는 세상에서의 '깨어있음', 하느님에게로 만의 '주의집중'인 경계(vigilance)가 필요하다는 뜻이다.

→ 'Vigilance(경계; 깨어있음; 주의집중)'란,
늘 깨어서 속지 않음, 늘 신성만 주시함, 늘 실재에만 집중, 꿈속 인물과의 동일시에 빠져들지 않고, 꿈속의 스토리에 말려 들어가지 않는 깨어 있음을 의미.
속아서 멍(청)해지느냐 않느냐의 문제,

세상이 추구하는 사소한 것 너머의 것,

세상의 지각이나 사고로는 이해할 수 없는 것,

혹은

사고의 역전이 없이는 이해할 수 없는 것이 '세상(왜소함; 왜소한 자들)이
감당할 수 없는 일'이다.

**'선'과 '아드바이타'의 요지를 참고로 간략히 설명하는 키워드들을 몇 개 고
르자면 다음과 같다.**

- 사람의 마음에 있는 위대함, 불성(견성성불, 직지인심, 회광반조)
- 그것에 대한 흔들림 없는 알아차림
- 환(마야)의 세상, 왜소함의 세상과 실재(세상은 환상이다.)
- 실재하지 않는, 세상이 추구하는 것들, 왜소한 자들의 추구
  (신약성서 히브리서 Hebrews 11:38 Of whom the world was not
  worthy. '세상이 감당할 수 없는 사람들')
- 완벽한 알아차림, 진정한 앎(단도직입, 이심전심, 불립문자)
- 완벽한 알아차림을 유지하기(to hold in perfect awareness)

반야심경과 금강경에 나타나 있는 기적수업의 흔적

대승불교와 선불교의 가장 핵심적인 내용이 요약되어 있다고 알려진 반야
심경과 금강경에서 기적수업 주요 가르침의 흔적을 찾으면 아래의 내용들을
발견할 수 있다.

조견 오온개공 도일체고액(이하 반야심경)

색불이공 공불이색 색즉시공 공즉시색

공중무색(공=참나=진아=신성=Godhead에만 경계(vigilant)하기)

(공중)무수상행식 무안이비설신의 무색성향미촉법

기적수업 서론의 "Nothing unreal exists(실재가 아닌 것은 존재하지 않는다)."는 모두 다

지각되는 것은 실재하지 않고 환상이라는 의미를 전한다.

시고 시명(부처는 부저가 아니다; 고로 부처이다. 보이는 것의 환영적 성격, 금강경)

제상비상 즉견여래

(금강경, 워크북109:4 Appearances(지각이 포착하는 겉모습들은) cannot intrude upon you(너를 침범할 수 없다).)

응무소주 이생기심(금강경, 보이는 것들에 마음으로 집착하지 말라)

기적수업, 선, 아드바이타, 그리고 성서의 공통적인 내용에 의한 구원(해탈, 열반, 실재, 기적)의 정의

① 구원(용서, 치유, 기적)이란

② 참나, 신성, 불성만을 향한 '지속적'이고 '완벽한' 알아차림/주시/주의집중으로

(그리고 이때 '세상'에 대해서는 회피하지도 무시하지도 억압하지도 않고 그 안에서 여전히 닥쳐오는 일과 경험을 하며 살지만, 그렇다고 해서 그 안에 빠져들거나 그 매력에 홀려서 정신줄을 놓거나 집착하지도 않으면서 사는 것을 암시한다.

이것은 마치 잘랄루딘 루미의 시에서 아름다운 봄의 정원에서 연인을 기다리는 사람이 "봄의 정원으로 오라. 이곳에 꽃과 술과 촛불이 있으니, 만일 당신이 오지 않는다면 이것들이 무슨 의미가 있는가? 그리고 만일 당신이 온다면 이것들이 또한 무슨 의미가 있는가?"라고 묻는 심정과 같은 맥락이다.

혹은 논어의 "조문도이면 석사가의라"는 표현이 웅변하듯 실재가 아닌 것은 멋져 보일 수는 있지만, 사실은(실재에 비하자면) 가치가 아예 없다(these do not matter)는 진리를 기억하고서 사는 것이란 의미이다).

'용의는 완전할 필요가 없지만 알아차림은 완벽해야 한다면' 열쇠는 성령의 도움이다.

> **텍스트 16:69** 너의 용의는 완전할 필요가 없으니 성령의 용의가 완벽하기 때문이다(And your willingness need not be complete because His is perfect).

③ **왜소함**(littleness such as money, sex, power, fame)**이 침범하지 못하게 하는 것이다.**

워크북 109:4 Appearances cannot intrude on you(겉모습은 너를 침범할 수 없다). - 지각의 부정, 왜소함(littleness)의 부정

왜소함이 침범하지 못한다는 것은 물론 돈이나 섹스, 권력이나 명성과 같은 세상의 왜소한 것들로 인해 기쁨, 행복, 평화가 교란되지 않는 것을 의미한다.

④ 왜소함이 침범하지 못하게 한 결과는

워크북 109:5 하느님 안에 있는 너에게는 염려할 것도 걱정할 것도 전혀 없고, 부담과 불안과 고통, 미래에 대한 두려움, 과거에 대한 후회도 전혀 없다. 너는 영원 안에서 안식하며, 그동안 시간은 너를 전혀 건드리지 않고 흘러간다. 너의 안식은 어떤 식으로든 전혀 바뀔 수 없기 때문이다.

근심, 염려, 부담, 불안, 고통, 미래의 두려움, 과거의 후회 없음
시간이 건드리지 못함
어떤 경우에도 변하지 않는 안식 등이다.

이것은 텍스트 15:1에서 **'근심, 걱정, 불안 없이 오직 완벽하게 고요하고 조용함'**이라고 묘사된다. 그러므로 기쁨=행복=평화=구원(종교의 완성; 형이상학적이자 실존적 구원)이다.

전통적인 종교들이 제시하는 구원의 정의는 늘 제한적이고 옹색한 설명을

농반한다는 결함에서 자유롭지 못했다. 대부분의 경우에 있어서 그 결함의 제한과 옹색함은 '지금 여기'에서 당장 닥쳐와 있기에 어떻게든 살아 내어야 하는 고달픈 우리의 삶을 고려하지 않고 오직 '사후의 세상'에만 초점을 맞추어 나중에 훨씬 행복해진다는 식의 구차한 변명을 내어놓는 문제와 관련이 있었다.

기적수업이 선, 아드바이타(둘이 아님 즉 비이원론), 그리고 성서의 일부 가르침과 같은 맥락에서 제시하는 구원의 정의는 이 문제를 해결할 여지가 보인다는 점에서 의미심장하다.

이때의 구원이야말로 사후에 '천국'이라는 모호하게 설명되는 장소에 가서 매일 잔치를 하면서 살게 된다는 식의 구원이 아니라, '지금 여기'에서 매일의 삶이 기쁘고, 행복하고, 평화로운 가운데(심지어 몸의 죽음조차 실재가 아닌 것으로서 두려움의 대상이 아닐 정도로) 그 상태가 언제나 지속되는 구원을 제시하기 때문이다.

실재인 것은 위협받을 수 없다.
실재가 아닌 것은 존재하지 않는다.
여기에 하느님의 평화가 있다.
(Nothing real can be threatened.
Nothing unreal exists.
Herein lies the peace of God.)
- 기적수업 서론

이런 구원을 얻은 사람에 대해서는 여러 종교 전통에서 다양한 묘사를 하고 있다. 불가에서 말하는 '열반'에 이른 자, 도가에서 지칭하는 '도인,' 기독교에서 일컫는 '세상이 감당할 수 없는 자,' 그리고 기적수업에서 묘사하는 '차분한 이마를 가지고 조용한 눈빛으로 더 자주 미소 짓는 자' 등이다.

이런 사람은 기쁨과 행복과 평화로 그득하고 이미 구원을 얻었다. 그래서 세상이 도저히 이해하기(혹은 감당하기) 어려운 모습으로 매일의 삶을 살아가는 경우가 꽤 있다. 그러나 이런 자는 고통 받거나 구차하거나 안쓰러워 보일 수 있는 겉모습과는 상관없이 "진리가 자유롭게 만든"자이다. 그래서 역전되시 않은 평균적인 세상의 사고와 가치관으로는 이해하기 어려운, 세상이 감당할 수 없는 자인 것이다.

히브리서 11장 33-38절 저희가 믿음으로 나라들을 이기기도 하며 의를 행하기도 하며 약속을 받기도 하며 사자들의 입을 막기도 하며 (아브라함, 다니엘) 불의 세력을 멸하기도 하며 칼날을 피하기도 하며 연약한 가운데서 강하게 되기도 하며 전쟁에 용맹되어 이방 사람들의 진을 물리치기도 하며(다윗, 사사들, 선지자들) 여자들은 자기의 죽은 자를 부활로 받기도 하며 또 어떤 이들은 더 좋은 부활을 얻고자 하여 악형을 받되 구차히 면하지 아니하였으며(기도로 살아난 자들, 순교를 마다하지 않은 자들) 또 어떤 이들은 희롱과 채찍질뿐 아니라 결박과 옥에 갇히는 시험도 받았으며 돌로 치는 것과 톱으로 켜는 것과 시험과 칼에 죽는 것을 당하고 양과 염소의 가죽을 입고 유리하여 궁핍과 환난과 학대를 받았으니(전도자들, 순교자들) [이런 사람은 세상이 감당치 못하도다] 저희가 광야와 산중과 암혈과

토굴에 유리하였느니라(엘리야, 순교자들)

워크북 155:1 You do not change appearance, though you smile more frequently. Your forehead is serene; your eyes are quiet(너는 겉모습이 변하지는 않는다. 이마는 차분하고 눈길은 조용하며 더 자주 미소 짓기는 하지만 말이다. 너의 이마는 차분하고 너의 눈길은 조용하다).

세상이 감당할 수 없는 자, 구원을 얻은 자, 기쁨과 행복과 평화를 얻은 자, 용서하는 자의 특징은 '보다 더 자주 미소 지음, 차분한 이마, 조용한 눈길'이다.

기쁨과 행복과 평화로 당신은 세상에 어떤 일이 일어나든 간에, 당신이 어떤 풍파를 헤쳐 나가고 있든 간에, 더 자주 미소 지으면서 차분한 이마와 조용한 눈길로 살고 있는가?

좋은 것이건 나쁜 것이건 아무것도 문제가 되지 않기에 (These do not matter. Nothing really matters) 당신은 세상이 감당하기 어려운 사람인가?

Ⅱ. 이론

환상과 세상은 죄책감 때문에 지속된다.

분리를 믿으면서 아버지의 동등성이라는 원리를 공격했다고 믿은 우리는 두려움과 죄책감에 빠지게 되었다. 이 죄책감은 두려워하는 우리 마음에서 부터 바깥으로 투사되어 세상, 우주, 몸을 위시한 뭇 환상들을 만들어 내었다.

이런 배경을 가진 모든 환상은 단지 우리 마음에서 투사된 것(projection) 일 뿐 실재가 아니다. 환상은 스크린 위의 영상이나 홀로그램과 같은 것으로 우리 마음 안의 죄책감과 두려움 혹은 다른 무엇인가의 투사일 뿐이다.

환상과 세상을 제거하는 기적과 용서가 가능하고 또 확실하기까지 한 이유는 그것들의 바탕 원리인 속죄가 **이미 이루어졌기 때문**이다(사람이 분리되었고 혼자라고 믿게 된 마음인 에고를 만들자 성부께서 즉각 대응책으로 사람의 마음 안에 성령을 두셨다. 텍스트 5:19 속죄는 이렇게 에고가 마음 안에 만들어졌을 때 **이미 이루어졌다**).

　기적과 용서는 <u>치유</u>인데 그 원리는 <u>사랑</u>이고 우리의 선택을 도와서 <u>성령</u>이 주도하신다. 이제 각각에 대해서 좀 더 자세히 알아보자.

환상(illusions)

텍스트 20:73 이 세상이 한낱 환각에 지나지 않음을 네가 알아차린 다면 어떻게 될까? 이 세상은 네가 지어내었음을 정말로 이해한다 면 어떻게 될까? 세상을 돌아다니면서 죄짓고 죽고 공격하고 살해 하고 자신을 파괴하는 듯한 자들이 전혀 진짜가 아님을 깨닫는다면 어떻게 될까?

1) 기적수업에서 용서와 마찬가지로 가장 중요한 개념들 중의 하나인 환상은 형상 으로 나타나기는 하나 실재가 아닌/실재하지 않는 모든 것을 가리키는 표현이다

수업에서 환상이란 실재가 아닌 것, 거짓인 것, 변하는 것, 일시적으로만 나타나는 것 등 진실되지 않은 것을 가리킨다. 존재하지 않으면서 우리의 충 성을 받는 것, 즉 우상을 의미하기도 한다. 환상의 범위는 실재세상과 거룩 하게 된 지각까지도 포함한다. 실재세상도 세상이고 거룩하게 된 지각도 앎 이 아닌 지각일 뿐이기 때문이다.

기적수업의 신학에서 우리의 영혼은 잠들어 있는 상태이고 잠 속에서 꿈을 꾸고 있다. 그래서 이 꿈속의 모든 일 즉 우리의 생각, 행동, 지각하는 모든 것(세상과 우주는 당연히 포함되는), 우리가 자신이라고 믿는 왜소한 자아(the self, 가짜 자기)와 몸이 모두 환상이다.

워크북 16:2 생각의 특징
네가 하는 모든 생각은 진리에 기여하거나 환상에 기여하며, 진리를 확장하거나 환상을 부풀린다.

우리가 하는 모든 생각은 자체도 환상이지만 특히 환상들을 배가시킨다. 생각은 환상들을 배가시키거나 진리를 확장시키는 데, '사랑하는 생각들' 이외에는 환상들을 늘리는 역할을 한다.

특히 환상이 더없는 생생함과 지극한 아름다움으로(예를 들어서, 가족을 태운 채로 추락하는 비행기나, 눈에 넣어도 아프지 않을 우리 자녀, 보는 순간 숨이 멎는 줄 알았던 미녀, 혹은 평생 애정을 쏟게 만드는 취미 같은 것을 상상해 보라.) 우리 앞에 펼쳐질 때 혹은 정의로움, 공정함 혹은 다른 대의명분의 이름으로 우리에게 호소할 때(예를 들자면, 잔인한 만행에 대한 정당한 책임을 묻는 경우나 나라를 지킨다는 이름으로 행해지는 폭력과 살상의 경우를 고려해 보라.) 우리는 환상을 환상 이상으로 취급하고 싶어지는 유혹을 뿌리치기 어려워진다.

이런 경우 우리가 환상에 속을 가능성이 증가하기에 우리는 종종 그 환상에 대해서 너무나 심각하게 대하게 되고, 몹시 중요하게 취급하게 되며, 그 환상과 관련된 것들은 우리에게 정말 필요한 것들로 인식되기 쉽다.

우리는 본질에 있어서 영이지만 영의 자기표현의 수단인 우리의 마음이 '분리가 일어나서 혼자라고 믿게 된 마음의 부분'인 에고로 인해 영에서 떨어져서 만들어 낸 우리의 몸도 환상임은 물론이다.

환상을 제대로 이해하고, 실재하지 않는 것을 알고 그것들을 용서하기를 배우는 것이 기적수업의 목표이다. 수업의 텍스트 서문은 실재하지 않는 것 즉 환상인지 아닌지를 구분하는 것이 하느님의 평화를 얻는 관건이라는 의미의 짧은 문장들로 수업 전체를 요약한다.

- **실재인 것은 위협받을 수 없다.**
- **실재가 아닌 것은 존재하지 않는다.**
- **여기에 하느님의 평화가 있다.**

이 서문에서 기적수업 전체의 요약으로 제시하는 것이 바로 실재가 아닌 것은 아예 존재하지를 않기에(즉, 환상이기에) 우리의 기쁨, 행복, 평화가 보장된다는 진리이다. 그 무엇도 우리를 두렵게 할 수 없기 때문이다.

그러므로 무엇이 실재하는 것이며 무엇이 실재하지 않는 것인지를 구분하는 것이 환상과 관련해서 필요한 가장 중요한 일이다. 이런 구분을 통해서 더 이상 우리를 두렵게 할 능력이 원천적으로 없는 것들을 알아보게 되고 나면 어떤 경우에도 위협받지 않는 '실재하는 것'이 항상 우리의 행복, 기쁨, 평화를 보장할 것이기 때문이다.

환상을 제대로 이해하는 것과 알아보는 것의 중요성을 짐작할 수 있게 한다.

환상의 범위는 매우 넓어서 우리의 의식조차 환상이고 모든 것을 용서한 후에야 보이는 실재세상조차 환상이다. 반야심경의 '공'에 대한 묘사인 '공중 무색 무수상행식 무안이비설신의 무색성향미촉법 무안계 내지 무의식계'와 비슷한 범위의 개념이다.

다르게 표현하자면, '우리가 하는 생각 중에서 사랑하는(loving) 생각'을 제외한 모든 생각과 생각의 작용들 그리고 우리의 행동과 지각되는 만물이 모두 다 '환상'이다. 사랑하는 의도로 한 행위 중에서도 그것의 '사랑하는 생각' 부분만 영원한 것이고 행위 부분은 역시 환상인 것이다. 사랑하는 생각과 달리 행위는 영원히 남아 존재하지 않기 때문이다.

환상을 만들어 낸 두려움의 시작과 결과

아버지에게 특별한 대접을 요구했던 아들(우리의 평화는 특별한 대접을 아버지에게 요구하기 전에는 깨어지지 않았다. 텍스트 12:20)에게 아버지는 자신이 알지 못하는 것을 요구받았기에 아무 대답을 주지 않았다. 그런 아버지의 무응답을 사랑의 부재로 해석한 아들의 마음 일부는 **분리를 믿게 되었고 결과로 죄책감과 두려움에 빠져서 잠**이 들었다.

> **텍스트 12:20** 특별히 총애해 달라고 청하기 전까지, 너는 평화로웠다. 하지만 하느님은 특별한 총애를 주지 않으셨다. 그런 요구는 하느

님께 이질적인 것이었기 때문이다. 그리고 하느님 아들의 평화가 산산이 조각났다. 그는 더 이상 아버지를 이해할 수 없었기 때문이다. 그는 자신이 지어낸 것을 두려워했지만, 자신과 아버지의 영광스러운 동등성을 공격했기에 그 이유로 아버지를 훨씬 더 두려워했다.

아들은 아버지와 동등성을 누리기에 아버지에게 요구할 필요가 있는 아무것도 없었지만 실재가 아닌 것을 이해하지 못하는 아버지에게 '특별한 대접'을 요구한 것으로 **그를 공격했다고 믿고 아버지를 두려워하게 되었다.**

(아들이 특별함을 원했던 이유는 마치 신약성서 탕자의 비유에 나오는 둘째 아들이 그랬던 것처럼 특별하지 않은 것이 너무 밋밋하거나 단조롭게 따분하다고 믿은 오해 때문이었거나, 보다 더 도드라진 것에 대한 호기심 때문이었을 것으로 짐작해 볼 수 있다.)

환상은 실재하거나 실재하지 않거나 둘 중의 하나이지, 부분적으로 용서되어서 일부만 있는 환상은 없음을 이해할 필요가 있다.

환상의 용서는 총체적이어야 한다(텍스트 1:21 'total forgiveness'). 일부만 용서한 환상은 용서되지 않은 것이다.

텍스트 24:26 용서는 모든 환상들로부터의 해방이며, 이것이 바로 부분적으로만 용서하는 것이 불가능한 까닭이다. 하나의 환상에라도 매달리는 자는 아무도 자기 자신을 죄 없다고 볼 수 없다. 그는 여전히 잘못 하나가 자신에게 사랑스럽다고 여기고 있는 것이기 때문이다.

실재와 환상이 선택할 수 있는 모든 것이다. 이 이상은 없다. 수업은 결국 다시 선택하기에 관한 것이다. 성령이냐, 에고이냐를 선택하는 것, 실재와 환상 사이에서 선택하는 것에 대한 것이다.

> **워크북 130:5** 실재인 것과 실재가 아닌 것이 선택할 수 있는 모든 것이다. 그것들 외에는 없다(The real and the unreal are all there is to choose between, and nothing more than these).

> **텍스트 30:29** 너는 실제로 혼자서 결정을 내릴 수 없다. 사실 유일한 질문은 네가 누구와 함께 결정하기로 선택하느냐이다. 실제로 그것이 전부다. 너는 무엇을 결정하든 혼자서 결정하지 않을 것이니, 너는 우상이나 하느님과 함께 결정하기 때문이다.

이상의 두 구절이 강조하는 바는 우리의 일상 내지는 결정에 있어서 우상과 함께, 즉 에고의 목소리를 따라서 결정하는 경우이거나 하느님과 함께 즉 성령의 목소리를 따라서 결정하는 경우뿐이라는 것이다. 성령이냐 에고이냐, 실재냐 환상이냐를 선택하는 문제일 뿐이라는 것이다.

a. 실재하는 것은
- 천국, 사랑, 영원, 앎, 빛
- 영, 마음, 성령
- 창조하기, 확장하기, 소통하기, Joining(oneness)

- the real, the Self

- 평화, 행복, 기쁨, 정의, 일체성, 전일성/온전성(wholeness), 동등성

- 진리

- 변화 없음, 상처받을 수 없음(invulnerability)

b. 실재하는 것과 환상을 잇는 다리(bridge)는

- 가짜인 것을 넘어서 실재인 것으로 돌아가게 해 주는 연결고리

- 치유, 기적, 용서, 속죄, 구원, 배움, 실재세상, 그리스도의 비전(실재/천국에서는 더 이상 필요하지 않은 것들)

c. 실재하지 않는 것(환상)은

- 몸, 세상

- 죄 죄책감 두려움 희생 고통 어둠 질병

- 시간 지옥 에고 지각 시각(sight)

- 슬픔 분리 벌 (최후의)심판

- 죽음 결핍 손실 필요(death, lack, loss, needs)

- 바깥에 있는 것(what is outside you)

- 변하는 것, 상처받을 수 있는 것

- 만들기(making)

- 특별함 형식 형상 구상 우상 상징

- 조정(an adjustment = sin), 허장성세(grandiosity), 가짜 자기(the self)

- 물질: 차, 집, 옷, 돈, 음식, 육체적 차원의 이성

- 사랑이 아닌 생각: 명예, 욕망, 권력, 특별함의 욕구, 지식, 지성, '좋은' 생각, '훌륭한' 생각, '위대한' 생각, '세상을 구하는' 생각

- 의식(기적수업은 'domain of the ego', 반야심경 '무안계 내지 무의식계')
- 실재세상: 이것조차 실재는 아니다.
- 그림자(shadow), 상(image), '약견 제상비상(금강경)', '무소구 이무소득 고(반야심경)'
- 실재가 아닌 것(the unreal), 꿈(dream), 투사(projection), 반영(reflection)

2) 환상을 만드는 주체는 에고이다

에고는 영에서 떨어진 마음, 우리 마음 안의 '홀로라고 믿는 부분'을 가리킨다. 마음을 환상에서 벗어나게 하는 것은 진리의 현존이고 그런 현존을 마음 안으로 들어오게 하는 것이 용서이다(워크북 332:1).

에고는 두려움 속에서 바깥으로 투사하여 환상을 만든다. 진리는 에고의 악몽을 비춰 물리침으로써 무효화 한다. 진리는 결코 공격하지 않는다. 진리는 단지 존재할 뿐이다. 진리의 현존은 마음을 판타지로부터 불러내서 실재에 눈뜨게 한다.

용서는 이러한 현존을 들어오게 하여, 마음 안에서 그 정당한 자리를 차지하게 한다. 그러므로 용서는 아버지의 기억을 다시 찾고 천국으로 다시 돌아가며 잠에서 깨어나는 것처럼 '원시반본'의 수단으로서의 의미를 지닌다.

3) 환상은 littleness(왜소함, 하찮음, 보잘것없는 것, 너무나 사소한 것)라고 불린다

환상은 또 아래의 표현들로 묘사되기도 한다.

a. '우리 생각 안의 진리에/실재에 거짓으로 보태어진 것'

   → What was falsely added to the truth in our thoughts 워크북 151:14

b. 단지 하느님의 선물들을 숨기려는 것

c. 우리가 희생하는 유일한 것

   → 나는 환상을 희생하는 것이지, 그 이상 어떤 것을 희생하는 것이 아니다. 환상이 사라짐에 따라, 나는 환상이 숨기려 한 선물을 발견한다(워크북 322:1).

   → 그러므로 환상의 희생은 오히려 실재를 보게 하는 것이기에 진정한 희생이 아니다. 오직 환상 그 자체만 희생된다.

d. 우리를 실망시키는 것

   → 너의 믿음을 환상들에 두지 말라, 그것들은 너를 실망시킬 것이다(Put not your faith in illusions, They will fail you). 워크북 50:3

e. '꿈'으로서 하느님의 유일한 아들인 우리의 진정한 자아를 감추기 위해서만 있는 것

   → 꿈들은 단지 하느님의 유일한 아들인 진정한 자아를 감추는 역할만 할 뿐이다(Every dream serves only to conceal the Self which is God's only Son). 텍스트 322:1

f. '과거'로서 실재세상을 감추기 위해 만들어진 것

→ **내가 어떻게 용서가 선사하는 세상을 지각할 수 있겠는가? 바로 이것**
을 감추기 위해 과거가 만들어졌으니(How can I then perceive the world
forgiveness offers? This the past was made to hide), 워크북 289:1

g. 실재가 아닌 것

→ What is unreal 실재(실제)가 아닌 것(서문)

What does not exist 실재하지 않는 것(서문)

4) 환상을 극복하는 방법

힘이나 분노나 반대함이 아니라, 알아보고 속지 않기가 그 방법이다. 환상에 반대하면 오히려 실재성이 지각된다. 즉 실재화의 문제가 발생한다
(perceived reality).

이것은 마치 합기도의 고단자가 공격하는 상대의 힘과 관성을 역이용해서 공격자가 자기 에너지로 자기를 다치게 만드는 것과도 비슷하다. 에고는 우리가 자기를 상대하느라 쓰는 힘과 에너지를 이용해서 자기 존재를 더 강화한다. 오직 우리의 힘이나 분노만이 에고를 강화하고 오히려 우리를 다치게 하는 것이다.

워크북 187:7 알아차려진 환상들은 사라질 수밖에 없다(Illusions
recognized must disappear). (환상들을 알아보기 = 용서)

알아보아서 속지 않고(recognize and do not get deceived), 지켜보며 옆으로 치워 두는 것(looking upon and laying aside) 이상의 작위적인 대처는 오히려 환상을 강화시킨다. 대처할 상대로 인정함으로써 실재로 만들기 때문에 그러하다.

그러므로 '속지 않음'이 용서이다. 속지 않으면 단지 실재/진리가 아님을 지켜보며 옆으로 치워 두고 상대하지 않을 것이다. 상대하면 그 힘을 도로 이용해서 강화되는 것이 속이는 것, 즉 에고나 환상의 특징이다. 속지 않고 이성이 환상들은 실재가 아님을 상기시켜 주도록 하면 된다.

환상을 알아보아야 속지 않고, 속지 않으면 단지 지켜보며 옆으로 치워 둔다. 대처하려고 힘이나 분노를 사용하거나 상대/반대(oppose)하지 않는 것이다. 유명한 중국 선불교의 6조 혜능의 게송에서 '본래무일물'이 가리키는 것도 바로 이런 환상의 성격이다.

> **텍스트 20:74 환상들은 그것들이 무엇인지 알아차려질 때 사라진
> 다**(Hallucinations disappear when they are recognized for what
> they are).

이렇게 **환상들이 사라지는 것이 치유**이고 해결책이다. 그것들을 믿지 말라 그러면 사라진다(This is the healing and the remedy. Believe them not, and they are gone).

> **워크북 322:1 나는 환상을 희생하는 것이지, 그 이상 어떤 것을 희생**

하는 것이 아니다. 환상이 사라짐에 따라, 나는 환상이 숨기려 한 (하느님의) 선물을 발견한다.

워크북 323:2 우리가 단지 자기기만과 거짓되게 숭배한 이미지를 놓아버림으로써 진리에게 진 빚을 갚을 때, 진리 전체가 기뻐하며 우리에게 돌아온다. 우리는 더 이상 속지 않는다. 사랑이 이제 우리 의식에 돌아왔다.

→ 사랑이 돌아오는 것(우리의 본성의 알아차림이 확고해지는 것; 깨달음을 얻는 것; 구원을 얻는 것; 실재세상을 보는 것 등)은 어떤 작위적 유위가 아니라 '더 이상 속지 않음'에 달려있다.

자기기만(self-deceptions)으로 인해 '나는 누구인가?' 혹은 '나의 참된 정체'에 대한 잘못된 답을 가지고 산 것이 문제였던 것이다. 속지 않음은(몸으로) 무엇을 하느냐의 문제가 아니라 마음의 문제이다. 물론 그 마음이 항상 속는 것이기에 진짜 나와는 아무 상관없는 환상, 꿈, 과거임을 마음이 확고히 알아차리는 문제이다.

텍스트 8:41 모든 속임수를 뒤에 남기고 떠나, 너를 저지하려는 에고의 모든 시도 너머로 가라. 내가 네 앞에서 걸어가니, 나는 정녕 에고 너머에 있기 때문이다. 그러니 내 손을 잡아라. 너는 에고를 초월하기를 원하기 때문이다.

환상(에고)에서 벗어나는 것은 속임수에 더 이상 넘어가지 않음으로 가능하다. 다시 말해서 더 이상 속지 않는 것이 용서이고 이런 용서의 결과는 환상에서 벗어나는 것이다. 이렇게 환상에서 벗어나는 것은 용서의 열매로서 곧 치유이다.

환상에 대하여 1
- 환상의 정의('거짓되게 보태진 것')와 난이도/등급의 의미

텍스트 20:73 이 세상이 한낱 환각에 지나지 않음을 네가 알아차린다면 어떻게 될까? 이 세상은 네가 지어내었음을 정말로 이해한다면 어떻게 될까?

환상의 한 정의를 내리자면, 진리 위에 혹은 진리에다가 거짓되게 보태져서 우리 몸에 의해 지각되는 것이라 할 수 있다.

여기에서 핵심은 '거짓되게 보태진 것'이다(그래서 실재가 아닌 환상이고, 시간에 따라 변하는가 하면, 영속하지 않고 잠시 나타났다가 사라진다). 이 거짓되게 보태진 부분(what was falsely added 워크북 151:14)을 disregard(간과)하는 것이 바로 용서이다.

그러므로 용서에는 거짓이나 가짜인 것에 '속지 않는 것'이 포함되어 있다. 요컨대 거짓이거나 가짜인 것에 속게 되면 용서조차 불가능해진다. 환상을 환상인 줄도 모르니 간과하는 것 자체가 불가능해지기 때문이다. 따라서 거짓되게 보태진 부분을 진실이 아니며, 실재하지 않는 것으로 알아차리는 것/알아보는 것도 용서라 할 수 있다.

환상에 있어서 선호도, 난이도, 등급이란?

환상은 모두 다 같다. 실재가 아닌 것은 그 무엇이든, 또 모두 다 환상일 뿐이다.

아직 못 이루어서 가슴 저린 꿈이 있는가? 아직 설레는 가슴으로, 이유 모를 불규칙한 심장의 박동으로, 특별한 애착으로 바라보아지는 대상이 있는가?

아직 놓지 못할 인연이 있는가? 끝내 경험하고픈 그 무엇이 남았는가? 어떻게든 가 보아야만 할 여정이 남았는가?

환상에 그 다른 등급이 보이고, 그 무엇보다 즐겁게 하는 사랑이 보이고, 아직도 아찔하게 취하게 만드는 넥타를 마시고 싶고, 아무리 차분히 보아도 누군가에게서는 다른 그 어떤 것과도 같지 않은 고상함이 보이는가?

아직 특별함이 필요하고, 아직 독립적인 개인의 생각이 매혹적인가? 아직 일체성의 시간은 오지 않았는가? 하나임을 받아들일 때가 아직은 아닌가?

환상에 대하여 2
- 실재/실재세상/진리/천국에 도달하기 위해서 환상을 처리하기

환상(비실재)은 처리할 대상이 아니다. 다만 속지 않고서 무시할 대상이다. 진지하게 대하면서 오히려 강화하고 실재로 만들 것(지각할 것)이 아니라 오직 간과해서 웃어넘길 일이다.

환상은 반대할 필요가 없는 것이 실재는 모든 것을 포괄하기에 아무것도 반대할 필요가 없기 때문이다(기적수업 서문 2 모든 것을 포괄하는 것은 반대가 없다(What is all-encompassing can have no opposite)).

환상을 일일이 처리하는 것은 마치 용서를 총체적으로 하지 않는 실수와 같다. 일견하기에는 매우 열심히 일들을 사사건건 용서하려 하지만, 오히려 일들을 실재로 지각하여 실재화하는 것이기에 환상만 강화된다.

그래서 용서할 일이 아예 없음을 보는 총체적인 용서를 해야 한다. 수행이 아니라 돈오가 절실하다.

> **텍스트 22:45** 환상은 어떻게 극복되는가? 분명히 힘이나 분노로, 혹은 환상에 어떻게든 반대함으로써 극복되는 것이 아니다. 단지 이성으로 하여금 환상은 실재와 모순된다고 말해 주게 함으로써 환상은 극복된다. 실재는 아무것도 반대하지 않는다.

환상은 처리하고 극복하느라고 반대하고 싸우고 상대해서 될 일이 아니다. 용서로 그 '공함'과 '무의미함'을 보아서(실재가 아님을 알아차려서) **이성이 내리는 결론에 따라서** 초월할 일이다. 환상의 종말은 싸우는 것이 아니라 용서가 가져온다.

과연 용서는 환상의 진정한 의미 혹은 본질을 보여 준다. 그것이 '아무것도 아님(nothingness)'을 보여 주는 것이다(워크북 134:7 용서는 환상들이 아무것도 아님을 본다(Forgiveness sees their nothingness)).

모든 지각의 대상과 심지어 그 지각조차도, 달리 표현하자면 우리의 모든 생각, 행동, 인식과 세상과 우주의 모든 것이 실재가 아닌 이유는 그들이 완벽하지 않다는 데 있다. 해 아래 모든 것은 물론이고 심지어 우리의 은하계를 포함해서 모든 우주까지 그야말로 모든 것은 변화와 죽음과 소멸의 운명을 가지고 있기 때문이다.

> **워크북 236:1** 나에게는 내가 통치해야 하는 왕국이 있다. 때로, 나는 그 왕국의 왕이 전혀 아닌 듯하다. 그 왕국은 나에게 승리를 거두고는, 내가 무엇을 생각하고 무엇을 행하고 무엇을 느껴야 하는지 통고하는 듯하다. 하지만 그 왕국은, 내가 그 안에서 어떤 목적을 지각하든 그 목적을 섬기라고 나에게 주어졌다. 나의 마음은 오로지 섬기기만 할 수 있다. 오늘 나는 나의 마음으로 하여금 성령을 섬기게 하여, 성령이 적당하다고 보는 대로 사용하게 한다.

- 화무십일홍
- 권불십년
- From dust to dust(먼지에서 나서 먼지로 돌아간다)
- Everything is dust in the wind(모든 것은 바람 속의 먼지이다)
- 인간이 한 번 죽는 것은 정한 일이니… (전도서)
- 생로병사
- 일장춘몽

- 백일천하

- 자욱하게 피어오르는, 이내 보이지 않는 담배 연기
- 한여름 더위에 녹아내리기 시작하는 아이스크림
- 반짝이는 눈으로 하던 젊은 날의 사랑의 맹세
- 어릴 적 헤어진 애인의 이마에 새겨진 깊은 주름살
- 젊은 운동선수의 요절
- 오래 앓던 노인에게 마침내 찾아온 죽음

실로 인류 문명은 결코 우리가 잊을 수 없을 정도로 종종 그리고 끊임없이 모든 것의 변화와 쇠퇴와 부식과 죽음과 '무'로의 소멸됨을 상징들로 또 이야기들로 상기시킨다.

이런 이유로 그것들은 하느님의 창조물이 아니라 우리의 창조물, 즉 우리의 '상상물(imaginings)'임을 알 수 있다. 하느님의 창조는 하느님의 확장이기에 하느님의 속성인 영원함, 사랑, 실재와 같은 성격을 벗어날 수 없다. 그래서 그러한 창조라면 변화하지 않고, 죽지 않으며, 사라지지 않고, 늘 같으며, 영원할 것이기 때문이다.

이런 하느님의 창조물을 일컬어서 실재하는 것 혹은 실재라고 한다. 필연적으로 변화와 죽음을 향해 가는, 우리가 만든 것들과 우리의 상상은 환상, 비실재, 혹은 상상물이라고 부른다.

내가 나라고 믿는 나의 이미지, 모든 사고와 감정, 나와 타인과 세상을 채

우고 있는 만물이 다 환상의 예들이다. 예외 없이 변하고 스러지고 끝나지 않는가? 마침내는 기억에서조차 희미해지지 않는가? 아무리 자신에게 '특별한'것이든, 결코 그것만은 놓을 수 없는 단 하나의 은밀한 상상/생각/사람/서원/믿음이든 상관이 없다.

모든 것이 환상이다. 그리고 그것은 투자와도 같이 좋아하는 만큼 지속되고 키울수록 포기하기가 어렵다.

"환상들은 투자다(Illusions are investments. 텍스트 7:74)."

죄책감과 두려움이 그 환상에 포함됨은 물론이다(둘 다 질기고 강하긴 하지만 역시 종내는 사라지고 말 가짜란 뜻이다).

이런 점들에 비추어 볼 때, 기적수업에서 가르치는(완전한) 용서는 '미운' 사람의 '미운' 행동 몇 개를 더 이상 따지지 않고 잊기로 결심하는 것 수준의 평면적 차원의 용서가 아니다. 미운 인간이고 미운 짓이라는 것처럼 특정하기와 한계 짓기와 판단이 선행된다면 미운 사람은 물론이고 다른 모든, 눈에 보이는 것을 진정으로 간과하지도 해제하지도 놓지도 못하게 된다.

이런 수준에서의 용서는 수업에서 늘 경계하는 '에고의 용서계획'에 의한 용서이다. 완전한 용서는 그보다 훨씬 더 심오하고도 근본적인 차원에 속한다는 것이 드러난다.

세상에서 겪거나 마주치거나 체험하는 모든 것은 그 형식의 다양함이나 사연의 기구함과도 상관없이 실재하지 않기에, 그리고 그 속성상 진리나 사랑이나 천국과 같은 하느님의 실재에 미치지 못하는 것이기에 완전히 '환상'일 뿐임을 철저히 보는 것만이 완전한 용서이다. 아름다운 외형을 가진 것이건 반대로 역겨운 모습으로 나타나는 것이건 간에 모두가 '환상'인 것을 인식해야 완전한 용서가 가능한 것이다. 예를 들어 수십 년간을 괴롭혀온 고질병이나 가문을 몰살시킨 원수처럼 지긋지긋한 것도 오랜 시간 사랑해 온 연인이나 자식처럼 애틋한 것도 바로 내가 투사해 내고 지어낸 '환상'임을 보고 전체를 풀어 주고 놓아 보내는 용서라야 완전한 용서이다.

이런 용서라야지 기적과 치유를 자동적으로/의식하지도 못하는 가운데 일으킨다. 보이는 것에 대한 어떤 특정도 한계지음도 판단도 없는 용서이기에, 지각되는 것은 모두가 전적으로 환상임을 보는 용서이기에 기적이/치유가 일어난다. **"기적은 부지불식간에 일어나야 한다(텍스트 1:5)."**의 의미가 바로 이것이다. 매 사안마다 생각하면서, 의식적으로, 판단과 함께하는 용서는 기적/치유가 동반하는 참용서가 아니다.

그렇다면 온전한 용서는 내가 지각하는 대상이 실재인지 아닌지를 분별하고서 환상은 환상으로 대하는 것에 달려 있음이 분명해진다. 지각하는 대상은 먼저는 나의 내면의 투사이고 궁극적으로는 환상인 줄로 알아보고서 그저 지나가게 두어야 한다는 얘기가 된다.

환상/상상물을 실재인 것으로 오해하는 무분별을 지양하고 실재 아닌 것에 어떤 심각한(역시 환영인 시간 안에서 잠시 지내는데 필요한 최소한 이상의) 에너지도 쏟지 말라는 것이 곧 완전히 용서하라는 말의 의미이다. 그러므로 내 스스로가 만들어낸 두사물 전체를 지칭하는 환상은 그 전체를 웃어넘겨야 한다. 일부는 경계하면서 용서하는 것에 성공하지만 다른 것들에 대해서는 사뭇 진지해져서 염려하거나 집착한다면 환상을 웃어넘기지 못하고 실재화 함으로써 가장 깊은 차원의 용서에 실패하는 것이 된다. 내가 지어낸 환상은 형상에 있어서 좋아 보이는 것과 나빠 보이는 것 모두를 포함하고, 소위 말하는 '좋은 것'도 '나쁜 것'도 둘 다 실재가 아니기 때문이다(워크북 4).

그래서 기적수업 텍스트의 맨 마지막 절인 31:97 에서는 우리가 배움을 얻고 나서 도달하는 궁극의 지점에서는 **"Not one illusion is accorded faith(단 하나의 환상도 믿지 않는다)."** 라고 설명한다. 자기가 이제는 어느 정도 포기할 준비가 되었다고 여기는 환상뿐만 아니라 어떤 단 하나의 환상도 예외가 없이 '실재인 것으로 여기지 않는 것'만이 완전한 용서라는 얘기이다.

P.S. ─────────────────────────────────

그래서 '우리' 시대의 복음은 다음과 같다. 자신이나 타인에 대해서 용서한다는 것이 정말로 어려움을 발견한 사람들에게는 참으로 기쁜 소식이 왔다.

어차피 자기 힘만으로 용서를 한다는 것은 애당초 불가능했다. 자신을 용서하기 즉 죄책감에서 해방되기나 '원수를 사랑하기' 즉, 공격해야 마땅한 대상을 간과하기는 정도의 차이이지 모두가 어느 지점에선가는 실패할 수밖에 없었다. 성공을 위해서는 그보다는 더 '혁명적'인, 관점의 전환, 지각의 역전이 필요하다.

자기가 세상에서 겪는 모든 일이나 그로 인해 일어나는 모든 생각과 사유가(물론 '사랑하는 생각'이라는 유일한 예외는 있지만), 달리 말하자면 어떤 형식으로 나타나는 환상이든 간에 조금도 진짜가 아니라는 명징한 사실에 첨예하게 착안해야 한다.

그래서 수업이 자주 강조하듯, "용서할(만한) 아무런 일도 일어나지조차 않았다."는 것을 알아차려야/인식해야만 비로소 용서가 가능해진다. 이런 용서라야 '성령의 용서계획'에 의한 용서, 성령의 용서, 진정한 용서, 완전한 용서라고 할 수 있는 것이다.

환상에 대하여 4
- 환상의 반전: 성령에 의해 영원을 회복하는 수단이 되는 환상

비록 가치도 의미도 없는 비실재이지만, 모든 환상들은 성령에 의해서 우리를 깨어나게 하는 수단으로 해석되고 사용될 수 있다.

시간 안에서, 이 세상의 삶 안에서의 반영도 그 반영이 무엇이냐에 따라서 이 세상을 천국으로 이끌기도 하고 시간을 벗어나게 하기도 한다. 정반대로 세상을 천국에서 더 멀어지게 하기도 하고 시간에서 벗어나지 못하게(영원에서 더 멀어지게) 만들기도 한다.

비록 환상이지만 모습과 소리도 시간처럼 그리고 이 세상의 다른 어떤 것들이나 경험들처럼 성령이 진리를 보여 주기 위해서 방향을 바꾸어 사용할 수 있다.

4. As sight was made to lead away from truth, it can be redirected. Sounds become the call of God(모습들은 진리로부터 멀어지게 이 끌도록 만들어졌지만 방향이 바꾸어질 수 있다. 소리들은 하느님의 부름이 된다).

And all perception can be given a new purpose by the one Whom God appointed savior to the world(그리고 모든 지각은 하느님께서 세상의 구원자가 되도록 임명하신 자에 의해서 새로운 목적이 주어 질 수 있다).

환상에 대하여 5
- 실재, 실재세상, 세상(환상)의 관계

기적수업 전체가 환상과 그것을 만들어 낸 원천인 투사에 대한 상세한 설명과 더불어 세상, 몸, 시간, 공간, 죄, 질병, 투사 등과 같은 비실재(환상)와 천국, 앎, 사랑, 평화, 기쁨 등과 같은 실재(진리)를 극명하게 대비하는 내용이다.

기적수업 전체의 목차가 보여 주듯 수업 전체에서 압도적으로 많은 분량이 실재인 천국(하느님의 왕국)과 비실재(환상)인 세상과 다른 것들의 극명한 대비를 보여 주는 것에 할애되어 있다는 사실에 주의할 필요가 있다.

그리고 세상에서 실재로 옮겨 가기 위해 필요한 단계인 '실재세상'에 다다르기 위한 지각의 교정이 기적의 내용이자 책 전체의 실용적 지향점인 용서의 비결이다. 실재세상이라는 생각 혹은 개념 자체가 세상과 실재가 얼마나 극명하게 다른 것인지 보여 준다.

실재와 실재세상은 각각 앎과 지각의 대상이다. 실재세상은 지각의 대상이기에 실재도 아니고 진실도 아니다. 이렇게 실재세상도 실재가 아닌데 하물며 세상이 실재일 수는 없다.

하나의 생각인 세상과 하나의 마음 상태인 실재세상의 관계

단지 그대가 용서하지 않고 보는 옛 세상을 완전히 용서함으로써 실재세상에 도달한다(텍스트 17:11)

용서는 실재세상에 도달하게 하는 만큼 기적수업의 실용적 차원에서 가장 중요한 것이다. 이 용서의 대상은 실재가 아닌 모든 것으로 그에는 당연히 세상이 포함된다. 용서의 대상인 것은 실재일 수 없다. 세상은 그래서 환상이다.

실재세상은 세상의 유일한 목적은 용서임을 보는 마음 상태이다(텍스트 30:57)

하나의 마음 상태이므로 근본적으로 실재세상은 지각의 대상(워크북 특별주제 '실재세상')이고 따라서 실재가 아니므로 일종의 환상으로 보아야 옳다(환상이기는 하되 교정된 지각으로 비전이 생겨났을 때 보이는 것으로 보통의 환상과는 다르다. 거룩함으로 빛나는 세상이기에 몸의 눈에 의해 보이는 세상과는 다른 것이다). 대승불교의 '진공묘유'와 '색즉시공 공즉시색'이라는 표현들이 가리키는 '묘유'와 '공'의 차원이 상기된다.

실재세상이 하나의 마음 상태이듯 세상도 하나의 생각, 마음 상태이다(워크북 132:14)

진정한 세상 혹은 실재세상이 실재인 하늘나라는 아니다. 그러므로 본질적으로는 비실재, 즉 환상임에 틀림이 없다. 무엇인가는 실재이거나 환상이지 둘의 중간적 지위를 존재론적으로 가질 수는 없기 때문이다.

그러나 실재세상은 환상인 세상이 그러한 것같이 아무런 실체 없는 그림자, 꿈, 무인 것은 아니다. 용서받은 세상으로서 하늘나라의 빛을 반영하는 곳이 실재세상으로 이것은 더 이상 육안에 보이는 환상의 세상이라고 할 수는 없는 것이다.

그러나 진정한 지각이 제공하기는 하지만 여전히 지각이 제공하고, 하나의 상징이며, 진정한 지각은 실재에 이르기 전에 오직 일시적으로만 지속된다는 점에서 실재세상은 실재일 수 없다. 즉 하나의 특수한 환상으로서 '색즉시공 공즉시색'적인 '묘유'와 비슷하다고 하겠다.

바른 마음 즉 성령으로 보면 지각의 세계가 즉 환상이 보이는 것이 아니라 실재세상이 보인다. 우리의 범위를 넘어서는 거룩함, 신의 거룩한 목적이 비추어 주기에 밝음으로 빛나는 실재세상이다(워크북 28, 29과).

이 실재세상 조차 지각으로 인식하는 것이기에 지각이 끝난 후의 상태이면서 더 이상 지각의 대상이 아니고(여기서 지각의 대상이 아니라는 말은 환상이 아니라 실재, 진리, 영원, 천국, 온전성, 동등성, 일체성이라는 말이다.) 앎의 영역인 실재와는 다르다. 실재는 지각의 대상이 아니라 앎으로 하나가 되는 일체성 등의 상태이기에 그렇다.

세상이 환상이긴 하나, 즉 그 가치는 장난감으로서 무, nothing이긴 하나 세상이 아무런 의미조차 없는 것은 아니다. 또한 워크북 28-31에서 설명되듯 'the holy purpose of the universe(우주의 거룩한 목적)' 즉, 'the holy purpose of the Creator(창조주의 거룩한 목적)'를 가지고 있는 곳으로시의 깊은 의미가 있다.

이 깊은 의미는 "it's(세상에 있는 것들) holiness stands beyond your little range(세상에 있는 것들의 거룩함은 너의 왜소한 범위 너머의 것이다)."라고 표현될 만큼 심오한 것이다.

비록 세상은 그 가치가 '무'인 환상이지만 그 안의 존재들(사람이건 책상이건 옷걸이이건 간에)은 창조주의 목적인 거룩한 목적을 가지고 있다. 그리고 그 목적의 거룩함은 우리의 작은 이해의 범위를 넘어서는 것일 만큼 심오한 것이다. 당연히 그런 거룩한 목적을 가진 존재들이 점유하고 있는 세상은 비록 환상일 뿐이긴 해도 거룩한 목적과 관련한 어떤, 우리에게 지금으로는 불가해한 깊은 의미를 가진다고 할 수 있다.

(이 거룩한 목적은 우리의 '작은 범위(little range)' 밖의 것이기에 함부로

아는 척하거나 그 목적으로 말미암아 세상은 환상이 아니라는 식의 오해를 하게 되는 근거자료로 섣불리 오용되어서는 안 될 것이다.)

이 의미의 일부는 모든 것 안의 거룩함, 즉 모든 것 안의 신과 내 마음 안의 신으로 인해서 가능해지는 새로운 종류의 투사가 생기는 것이다. 즉 이때까지의 투사가 내면의 것-두려움과 죄책감-을 외부에서 보고는 대상을 공격해서 분리하려던 것이었던 것과 반대로, 이 거룩함을으로 인하여 내면의 연결, 결합, 사랑, 일체성, 온전성, 동등성을 외부에서 보고는 연합을 위해서 그것 (형제)과 합치려고 하는 **의미심장하고 중요한 투사**가 생겨난다.

그러나 이 거룩한 목적의 존재로 인해서 세상 자체를 환상이 아닌 실재로 보는 오류를 범해서는 안 될 것이다. 다시 강조하지만, 이 거룩한 목적은 우리의 '작은 범위'를 벗어나는 것으로 오직 비전을 얻은 사람에게만 보이는 것이기에 이 세상이 환상이냐 아니냐의 논의에서 우리가 함부로 인용하거나 거론해서는 안 되는 것이다.

환상인 세상과 유일하게 존재하는 실재는 도저히 섞일 수 없기에 실재세상이라는 중간지대가 필요한 것이다. 이 실재세상조차 지각교정이 된 후에 생기는 비전만이 가능하게 하는 거룩함으로 비추어져서 밝게 빛나는 곳임에도 불구하고, 여전히 지각(현재의 지각에 대비해서 '진정한 지각'이라고 묘사된다.)이 제공하는 것이고 지각이 제공하는 다른 것들과 마찬가지로 하나의 상징일 뿐이며 앎의 상태인 실재가 아직 아니기에 '세상도 어떻게 보면 실재' 라는 식의 생각이 들어올 틈을 주지 않는다(워크북 특별주제 '실재세상이란 무엇인가?' 참조).

텍스트 12:60 네가 보는 세상은 반드시 부정되어야 한다. 그것을 보면 다른 종류의 비전을 대가로 치러야 하기 때문이다. 너는 두 세상을 전부 볼 수는 없다. 두 세상은 각자 네가 무엇을 소중히 여기는지에 달려있으며, 두 세상을 보는 데 필요한 시각이 서로 다르기 때문이다. 하나의 세상을 볼 수 있다면 그것은 네가 이미 다른 세상을 부정했기 때문이다. 둘 다 참일 수는 없지만, 둘 중 어느 세상이든 네가 소중히 여기는 만큼 실제적으로 보일 것이다. 하지만 두 세상의 힘은 같지 않으니, 그것들이 너를 매혹하는 힘이 같지 않기 때문이다.

시각으로 보는 세상과 실새세상, 둘 다 진실이 아니다. 오직 실재만 진실이기 때문이다. 그러나 애착을 가지는 자에게는 애착을 갖는 만큼 둘 중의 하나가 실재로 보일 것이다. 이 실재로 보이는 것은 물론 존재론적인 실재가 아니라 인식론적인 실재이다(아래 9. "세상은 그것을 믿는 자에게는 실재한다." 참조). 아무리 지각하고 인식하기에 실재로 보이더라도 실재는 아니라는 의미이다.

이런 실재세상조차도 여전히 실재에는 미치지 못한다.

텍스트 30:57 실재세상은 하나의 마음 상태일 뿐이다. 하물며 우리에게 지각되는, 우리 눈에 보이는 세상이 실재성을 가지고 있다는 것은 지나친 비약이다.

워크북 132:14 세상은 신으로부터 떨어진 하나의 생각일 뿐이다.

세상이 실재라면 지각교정이 일어날 때 어떻게 사라지겠는가?

(워크북 특별주제 세상 참조)

오직 환상만 그 원천이었던 생각(분리라는 생각)이 사라지거나 바뀔 때 사라질 수 있다. 세상이 환상이 아니라고 여겨지고 실재로 보이면 자신이 얼마나 세상에 애착을 가지고 있는지(hold it dear) 살펴볼 필요가 있다.

> **워크북 132:4** 세상에서 보이는 것들은 자기가 원하는 것들이 실재로 보이게끔 형상으로 나타난 것이다.

> **워크북 132:5** 네가 원하는 것이 나타나서 보이는 것이 세상이다. 여기에 너의 궁극적인 해방이 있다(There is no world apart from what you wish, and herein lies your ultimate release).

그래서 이 원리를 역으로 이용하면 즉 세상에서 원하는 것을 없애면 세상을 풀어 줄 수 있다. 다시 말해서 세상의 모든 카르마, 에너지 장들을 무효화(undo)할 수 있다. 이것이 바로 우리의 '궁극의 해방(ultimate release)'이 일어나는 경우이다.

기적수업에서 '무언가를 구하는 것; 요구하는 것'은 세상에서 가지고 놀고 있는 장난감을 좀 더 오래 계속 가지고 놀고 싶다는 의미로 세상을 환영이 아닌 실재로 간주하는 것을 전제로 한다.

실재로 인지하는 세상이기에 그 안의 놀이와 장난감을 놓지 못하고 계속

무언가를 구하고 요구하는 것이다(**워크북 37:2 스스로를 온전하다고 보는 자는 아무 요구도 하지 않는다**).

그러므로 스스로를 온전하다고 보는 자는 세상을 환상으로 보고 아무것도 요구하거나 필요로 하지 않는다(반야심경 '무소구 무소득' - 구할 것이 없고 얻을 것이 없음). 지각이 교정된 자는 세상이 온전히 환상일 뿐임을 안다.

그러나 분리라는 생각에서 비롯된 세상에서 태어난 지각을 여전히 사용해서 인식하는 자는 세상에서 아름다움, 목표로 삼을 멋진 것, 얻기 위해 애쓸 가치가 있는 것들을 본다.

> **워크북 특별주제 3 세상이란 무엇인가?**
> 1. "세상은 근본적으로 분리라는 원천적인 생각에서 나온 하나의 생각으로 그 원천 생각이 지속되는 동안만 유지된다."
> 2. "지각이 바로 이 세상에서 태어났다."
> 3. "(그래서) 지각을 사용해서 보기 때문에 지각교정이 되기 이전인 사람들은 세상이라는 환상에서 진실의 굳건한 기초를 본다."

> **워크북 132:1** 환상의 강력한 효과들은 진리의 효과만큼이나 강력해서 환상을 실재로 보이게도 한다.

세상의 것들을 특히 멋지고 아름답게 보이는 것들을 지각으로 인식하고 판단하기에 지각이라는 것의 근본적인 속성을 망각하고 진실인 것으로 보게 되는 것이다(그러나 눈은 속이고 귀는 거짓되게 듣는다. But eyes deceive and ears hear falsely. 워크북 특별주제 3:2).

금강경의 '약견 제상비상 즉견여래(만약 모든 이미지가 보이는 대로의 이미지가 아님을 안다면 바로 여래를 볼 것이다.)' 그리고 반야경의 '무소구, 무소득, 무소행, 무주착(구할 것이 없고, 얻을 것이 없고, 할 것이 없고, 집착할 것이 없음)'이라는 아이디어도 같은 얘기를 한다.

세상에서 보이는 아름다운 것들의 신성을 부인할 수 없기에 세상은 환상이 아니라고 주장하는 부류의 기적수업 학생들이 있는 것 같다. 그러나 환상도 때로는 아름답다. 영화라는 환상을 보고서 깊은 감동을 받기도 하고, 눈물이 흐르기도 하며, 영감을 얻고 인생의 목표를 설정하기도 한다.

이렇게 세상과 그 안의 모든 환상도 우리가 성령께 줄 때 성령이 우리의 구원을 위해서 사용할 수 있다는 점에서 용도가 있을 수 있고 우리는 이해할 수 없는 차원의 거룩한 목적을 가질 수 있다. 단, 영화가 끝나고도 영화를 실재로 알면 거기 스크린 앞을 떠나지 않으려 하거나 그 앞에서 절할까 봐 우려되는 것이다.

환상이라서 모두 아름답지 않은 것도 아니고,
아름답다고 해서 모두 실재인 것도 아니다.

더구나 세상의 아름다운 것들과 멋진 것들의 중요성과 신성을 강조하고 싶다면 세상 모든 것이 가지고 있는 거룩한 목적으로 인해서 그런 신성은 이미 기적수업에서 인정되고 강조되고 있음을 알아야 한다.

(단, 이 거룩한 목적은 우리의 이해를 넘어서는 것이라고 함도 기억해야 한다. 그리고 비트겐슈타인이 강조하듯 "말할 수 없는 것에 관해서는 조용히 할 줄" 알아야 한다.)

성부의 거룩한 목적 때문이 아니라 굳이 자기가 지각으로 보기에 멋지고 아름다워 보여서 세상의 것들에 신성이 느껴진다고 그래서 세상은 환상이 아니라고 주장하고 싶다면 자기가 그 아름답고 멋진 것을 볼 때 지각을 쓰는지 아닌지, 그 지각은 어디서 생겨난 것이고 앎(Knowledge)과 어떻게 다른지, 자기가 원초적으로 하자 있는 지각을 써서 판단하는 것이 얼마나 정확할 가능성이 있는지 자성해 볼 일이다.

"Whereof we cannot speak, thereof we must be silent." 비트겐슈타인.

기적수업 학생은 세상이 여전히 가치 있고 아름다운 곳으로 환상이 아니라 그 이상의 무엇이라는 종류의 센티멘털리즘을 넘어서고, 성급한 세상 긍정이나 휴머니즘의 부활이 아니라 포스트모더니즘의 다원성의 시대에 주어진 기적수업 텍스트 자체의 역사적 의미와 정확한 이해를 목표로 삼아야 한다.

휴머니즘에 관해서 논의하더라도, 세상의 멋지고 아름다운 것들을 환상 이상으로 인지하는 것보다 형제가 보여 주는 형상 차원의 모습을 비실재의 다른 모습들과 더불어 환상인 것으로 간과하고(overlook) 단지 형제의 거룩함만을 보는 것에 진정한 휴머니즘의 부활이 있음을 기억할 필요가 있다.

텍스트 5:45 나는 그동안 너의 모든 친절한 행위와 네가 품은 사랑하는 생각들(loving thoughts)을 간직해 두었다. 나는 그것들의 빛을 감췄던 잘못을 정화해서 그 완벽한 광휘를 유지한 채 너를 위해 보관해 두었다.

텍스트 10:70 오직 사랑하는 생각(loving thought), *공유되는 생각만이 영원하다*(Every loving thought that the Son of God ever had is eternal).

텍스트 11:3 모든 사랑하는 생각은 참된 것이다(Every loving thought is true).

→ 오직 '사랑하는(loving; lovable 즉 '사랑스러운'이 아님에 유의할 것)' 생각만이 실재이다.

텍스트 11:30 오직 하느님의 아들이 하는 사랑하는 생각들만이 세상의 실재라면…(If only the loving thoughts of God's Son are the world's reality…).

나의 모든 친절한 행위, 사랑하는 생각들(loving thoughts)은 간직된다. 그런 생각은 공유할 수준이 되기까지 오직 나에게만 남아 있다. 그 생각들은 잘못이 충분히 정화되고 나서 나누어진다. 그래서 사랑하는 생각들은 참되고 실재이다.

> **텍스트 4:56** 너는 실제로 네 생각들 가운데 오로지 성령에게서 나온 부분, 그리고 성령이 너를 위해 간직하고 있는 부분만 공유할 수 있다. 그러한 것이 천국이다. 나머지 모든 생각은, 성령이 천국의 관점에서 재해석하여 역시 공유할 만하게 만들 때까지 너에게 남아 있을 것이다. 그런 생각들이 충분히 정화되었을 때, 성령은 너로 하여금 그것들을 나눠 주도록 한다.

환상에 대하여 7
- 세상은 환상이라는 수업의 중심 가르침을 받아들이기 힘들 때

기적수업에서 그렇게 압도적으로 많은 양과 빈도로 강조되고, 가장 강력한 어휘들을 통해서 설명되는, "세상은 환상이다."란 가르침을 굳이 아니라고 믿어야 마음이 편할 이유를 상상해 보면 일단 몇 가지가 떠오른다.

세상에 참으로 해놓은 투자가 많은 경우 즉 세상의 에너지를 운용, 활용, 이용하거나, 즐기기 원하는 경우 혹은 세상에 집착적인 관심이 많은 경우이다. 세상에서 가치를 발견하고 심지어 그것에 투자까지 해 놓았다면 세상을 아무것도 아닌 것이고 거짓인 환상으로 여기기는 힘들 것이다.

> **텍스트 7:74** 환상은 투자다. 환상은 네가 가치 있게 여기는 한 계속될 것이다.

텍스트 16:56 너는 환상이 참이기를 원하는 정도만큼 환상을 있는 그대로 인식하지 못할 것이다.

어떤 사람에게 만약 현재 완전한 용서로 지각교정이 일어나있다면 그는 세상에 관심을 가질 이유는 없다. 그러므로 세상을 환상이라고 믿지 않을 이유는 없을 것이다. 수업에 의하면 실제 그런 경우라면 현재와 같은 세상의 형상은 사라지고 세상은 빛만으로, 거룩함만으로 가득하여 자기가 전에 바라던 용도로는 소용이 없음을 보게 될 터이니 말이다.

그렇다면 현재 세상이 환상 이상의 그 무엇이라고(그래야만 한다고) 믿고 주장하는 사람은 아직 지각교정이 일어나지 않았다는 말이다. 그렇다면 현재 빛으로만 빛나는 거룩하고 아름다운 세상이 아니라 이원성의 세상을 보면서도 마치 세상 안에 신이 보이고, 거룩함이 보이고, 빛으로 가득함이 보인다고 말하는 사람은 단지 희망사항을 피력하고 있거나 그런 세상을 속히 보고픈, 아니면 지금 세상이 벌써 그렇다고 믿고 싶은 소박한(그러나 수업의 가르침에 의하면 정확하지는 않은) 소망, 믿음, 신앙의 고백이고 선언일 뿐이다.

자기가 지각교정을 통해서 직접 잘 이해하거나 하나가 된 것이 아닌 상태에 대해서 말을 너무 많이 하는 경우가 이런 경우이다. 비트겐슈타인이 질겁하며 말린 경우가 바로 이런 상황이다. 말할 수 없는 것들에 대해서 너무 떠드는 경우.

물론 글을 쓰거나 대화를 할 때 실재세상을 강조하는 것은 가능하고 이해도 된다. 지금 이 세상은 비록 환상이고 엉망이고 악몽이지만 실재세상의 아름다움을 잊지 말자고 그래서 지각교정을 위해 진정한 '작은 용의'를 순수하게 내고 어서 성령께 그 용의를 맡기자는 취지라면 좋다.

하지만 그렇지 않고서 심지어 일단 양부터 적지도 않은 기적수업 전체의 내용도 잘 모르면서 일단 세상이 환상 이상이면 좋겠기에, 아니면 세상이 꿈이면 너무 자신의 인생이 허무하고 불쌍하기에 당황스러움을 어쩌지 못해서 세상의, 환상 이상인 측면을 강조한다면 '잘 모르는 것에 대해서' 너무 말이 많은 것이고 그래서 범신론자로 오해받아도 할 말이 없을 것이다.

내 남다른 재능으로 이루고 싶은 것이 아직도 많은 이 세상이, 더 이해하고 싶은 내 몸이, 내가 느끼는 이 에너지가, 내가 단련하고 정화해온 이 내 의식이 환상이나 꿈이 아니고 그들 안에 신/신성이 있다고(혹은 그런 비슷한 수준의 가치가 있었으면 좋겠다고) 하는 단순한 믿음이라면 기본적으로 범신론과 다르지 않다. 그러나 단지 누구나 고등학교 세계사 시간에 배우는 Pantheism/범신론을 다시 얘기하려고 기적수업이 우리에게 주어진 것은 아니다.

그리고 모든 것에 신성이 깃들여 있다는 범신론적 아이디어 자체가 큰 틀에서 볼 때 틀린 것도 아니다. "God is in this table(하느님은 이 책상 안에 계신다)."이라고 워크북 28과는 말하기도 한다(인도철학에서 '절대불이론'에 대비해서 '한정불이론'이라 불리는 것과 흡사하다).

단지 기적수업의 학생이라면 이런 분별은 해야 할 것이다. "우리가 쓰는 책상 안에 신께서 계신다."고 선언하는 그 차원은 시각교정 후에 교정된 지각을 가지게 된 사람에게나 보이는 것이고, 지각교정을 원하는 수업의 학생에게는 그야말로 그런 진리를 선언하는 연습을 통해서 궁극적으로 목표(지각교정이라는 목표)에 이르게 돕는 연습장/워크북의 일부일 뿐이다.

지금 자기에게 그러한 것이 아니라(그래서 남한테 알리려 할 것이 아니라) 언젠가 지각교정이 될 자기 상태를 묘사하는 일종의 연습/수행의 방편인 것이다(그리고 기본적으로 작은 용의를 내는 연습일 뿐이다).

그래서 교정되기 전인 지각의 소유자에게 세상은 환상이다. 이 책상도 환상이다. 지각이라는 환상의 메커니즘이 포착하는 대상일 뿐이다. 아마도 어서 학생의 지각이 교정되어서 자기 안의 신을 감지하기를 바라고 있을 책상….

그렇기에 자기가 아직도 교정되기 전인 시각을 소유하고 있다면 세상은 환상이라 고백하는 것이 솔직한 것이다. 잘 알지도 못하면서 혹은 보이지도 않으면서 자꾸 세상이 환상이 아니고 모든 것에 신이 있다고 우기는 것은 이제 막 기적수업을 공부해 보려는 형제들에게 혼돈과 기적수업의 가치에 대한 오해를 불러일으킬 수 있다.

(Please, please let the course speak for itself. 제발 수업 자체가 말하는 것에 주의하시라. 수업이 스스로 반복해서 말하고 있는 것을 임의적으로 달리 해석하지는 말아야 하지 않는가? 아니면 그냥 수업의 가르침에 반대한다고 하든지.)

그리고 상징일 뿐인 실재세상 혹은 세상에 자기가 여전히 지나치게 관심이 많고 매료되어 있음을, 혹은 집착하고 있음을 자백하고 있는 것으로 보이기도 한다.

다른 학생, 형제들이 허무주의에 빠질까 염려되어 그러는 것이라고 말하고 싶다면, 정말로 그 허무란 것이 다른 곳이 아니라 바로 자신 안에서 비롯되고 있지는 않은지, 기적수업의 정신으로 진지하게 자문해 보기 바란다(역시 기적수업에 의하면). 자기에게서 투사된 허무만 다른 형제에게서 발견되기 때문이다.

2

세상(the world)

텍스트 1:93 물질 세상이 존재하는 이유는 단지 사람이 자신의 불신을 교정하는 데 세상을 사용할 수 있기 때문이다. 애초에 사람이 물질 세상에 있게 된 것은 그러한 불신 때문이었다.

애초에 인간이 세상을 만들고 그 안에 있게 된 이유 자체가 믿음 없음 때문이었다. 부족이 없음을 믿지 못한 애초의 그 '믿음 없음(unbelief)'으로 인해 물질 세상이 생겨났고, 결자해지라는 아이디어가 제안하듯이 그 믿음 없음을 교정하는 데 활용하도록 물질세상은 존재하고 있다. 세상을 용서하고 해제(undo)하고 떠나보내기 위한 연습의 장으로 사용해서 믿음 없음을 교정할 수 있기에 세상이 존재하는 것이다.

세상은 투사와 환상의 장이다. 투사가 실제인 양 모양을 갖추고 환상이 진짜인 듯 감각들에 포착되어 형상으로 나타나는 것이 바로 세상인 것이다. 최소한 우리 시대 사람들의 일부는 양자역학의 표준해석이나 적지 않은 수의 철학자들, 예술가들의 영감과 상상이 암시하고 가리키듯이 세상은 우리의 생각이나 의식이나 관찰과 관계없이 독립적으로 입자나 물질로 존재하는 것이 아닐지도 모른다는 아이디어를 점점 더 진지하게 받아들이고 있다.

세상은 마음 안의 죄책감과 두려움과 갈등과 압력이 환상으로 바깥에 펼쳐지는 무대이다. 이런 환상의 펼쳐짐을 위해서 몸과 함께 세상은 가장 근본적으로 필요한 요소 내지 장치이다. 그래서 세상과 몸이 실재하지 않고 환상임을 알게 되는 것이 구원의 비결이다.

세상이 없음을 받아들이는 자들은 자신과 다른 사람들을 치유한다.

> **워크북 132:8** 치유는 세상이 없음을 배울 준비가 되었고 그 레슨을
> 지금 받아들일 수 있는 자들의 선물이다. 그들은 준비되었기에, 스스
> 로 이해하고 알아볼 수 있는 형식으로 그 레슨을 만나게 될 것이다.

세상은 근본적으로 우리 마음안의 죄책감의 투사로서 환상일 뿐이고 실재하지 않는다는 진리를 배운다면 그 진리를 받아들인 사람에 의해서 치유가 일어난다. 세상이 실재하지 않음을 받아들이는 것은 속죄를 받아들이는 것이다. 그러므로 이 치유는 투사의 원인이었던 죄책감이 마침내 사라진다는 의미이고 다른 사람들에게로 확장된다. 이런 확장은 기적의 원리대로 부지불식간에(involuntarily) 일어난다. 아무도 홀로 해방되지는 않기 때문이다.

> **워크북 132:19** 네가 이 생각들을 내보내서 세상을 축복할 때, 네 곁
> 에 있는 이들은 물론 세상 저 멀리에 있는 형제들에게도 치유가 미
> 친다는 것을 깨달을 필요는 없다.

'세상은 없다.'라는 것이 기적수업의 중심 아이디어

워크북 155장 2 세상은 환상이다. 세상에 오기로 선택하는 자들은 자신이 환상으로 존재할 수 있고 자신의 실재를 피할 수 있는 곳을 구하고 있다. 3 이곳에 오기로 선택했지만 아직은 그 선택이 잘못이 었음을 기쁘게 깨닫지 못한 자들에게, 미친 환상은 한동안 뚜렷이 보일 것이다. 4 많은 이들이 여전히 세상의 실재성을 믿으면서 세상을 버리기로 선택했으며, 따라서 상실감에 시달리다가 해방되지 못했다. 다른 이들은 단지 세상만 선택했으며, 따라서 더 깊은 상실감에 시달렸지만 왜 그런지 이해하지 못했다.

세상이 환상임을 받아들일 때만 세상을 있게 만든 죄책감이 진정 치유되고 속죄가 완성될 수 있다. 아무도 실재라고 믿는 죄를 용서할 수는 없는 것처럼 우리가 지각하는 세상이 환상이라야만 완전한 용서가 가능하고 따라서 가장 뿌리 깊은 우리 자신의 죄책감도 치유가 가능하기 때문이다. '세상은 없다.'라는 것이 기적수업의 중심 아이디어인 이유도 세상의 환상성/비실재성을 받아들이지 못하고서 용서나 치유나 속죄가 가능할 도리는 없기 때문이다. 사실은 우리 내면에서 죄책감이 치유되지 않고는 세상이 환상임을 받아들일 수가 없다. 마찬가지로 세상이 단지 환상으로 지각되지 않고 바깥에(용도는 몰라도 가치와 의미가 있는) 무엇인가가 있다고 여겨지는 한, 우리의 죄책감은 진정으로 치유되지 않은 것이다.

우리의 모든 고통, 슬픔, 번민, 불행의 시작이 진실이 아닌'분리'의 발생과 '죄인'이라는 잘못된 정체성 확립과 관련된 죄책감을 우리 마음이 믿은 것이었기에 그 효과이자 결과물인 세상이(그리고 몸이) 완전히 가짜임/없음/환상임을 배우고 받아들이기 전에는 분리의 계단을 거꾸로 올라갈 수 없다. 달리 말해서 진정한 용서, 기적, 치유, 속죄 그리고 결합이 불가능하다. 이 계단을 성공적으로 되올라가야만 우리 마음이 다시 영에게로 돌아갈 수 있다는 사실을 기억할 때 '세상은 없다.'라는 선언이 왜 기적수업에서 핵심적인지를 새삼 이해할 수 있다.

워크북 특별주제 3 세상이란 무엇인가?
2. 두려움이 상징으로 나타난 것이 세상이다.

세상이 믿는 것과 세상의 법칙들은 사랑의 의미를 가리기 위한 것이다. 세상은 사랑/진리를 가리는 환상의 상징이다. 그러므로 우리가 세상을 떠나는 비결은 사랑을 가려서 보이지 않게 하는 모든 장애와 환상을 제거함에 의해서이다. 환상이 제거된 상태는 곧 진리이므로 과연 "세상은 죽어서가 아니라 진리에 의해서 떠난다."고 할 수 있다.

> **텍스트 3:80** 죽어서 세상을 떠나는 것이 아니라 진리로 떠난다(The world is not left by death but by truth).

이 세상에서는 천국을 이루어 낼 수 없다. 천국 혹은 하느님의 나라는 이 세상을 초월한 곳에서부터 주어졌고 우리의 마음 안에 있기 때문이다.

> **텍스트 3:80** 너의 왕국은 이 세상 너머로부터 주어졌기에, 이 세상 것이 아니다.

텍스트 15:31 나의 왕국은 너의 내면에 있기에 이 세상의 것이 아니다.

세상은 환상이므로 다른 모든 환상과 같이
완전히 가치가 없고 전혀 의미가 없는가?

세상이 비록 환상이지만 어느 환상이나 그렇듯이 성령께 주어질 때는 우리가 꿈을 깨게 돕는 도구로 사용될 수 있다. 성령이 활용할 수 있다는 의미에서 비록 가치도 없고 의미도 없지만 '용도(a use)'는 있는 것이다.

세상과 같은 환상은 어떻게 대해야 하는가?
환상임을 알게 된 세상에서 살아갈 때 어떤 위치를 설정하고 살 것인가?

이 질문에 대해서는 환상을 어떻게 대할 것인가라는 질문에 대한 답과 비슷한 답이 나올 수밖에 없다. 세상이란 몸과 함께 가장 강력한 환상으로서 모든 다른 환상들을 상징하는 것이기도 하기 때문이다.

- '응무소주 이생기심(금강경)' - "무엇을 하든 집착함이 없이 마음을 내어야 한다."
- '하려불필(신심명)' - "세상에서의 완벽하지 못함에 대해 안타까워하지 말기."
- '몽환허화 하로파착(신심명)' - "꿈속의 가짜 꽃을 어떻게 붙잡아 둘 것인가?"

'세상은 환상이다.'라는 가르침은 기적수업의 핵심적 내용이고 그러므로 세상은 환상이라서 완전히 용서해야 할 대상이다. 일부 학생들은 혹시 자기 재산과 사회적 지위를 포기하고 헌신하는 것이 바람직한 태도인지 궁금해할 수도 있을 것이다.

> **워크북 133:2** 이 수업은 네가 가진 사소한 것을 앗아가려 하지 않는다(This course does not attempt to take from you the little that you have).

'세상은 없다.'라는 가르침은 분명히 기적수업의 가장 요약적인 가르침 중의 하나이기는 하다. 그러나 그렇다고 해서 수업을 공부하는 학생들이 현재의, 세상에서의 자기 위치를 일부러 포기하라는 의미는 전혀 아니다. 기적수업의 저자 예수는 강조한다. 하느님은 우리가 가진 '아무것도 아닌 것'에 전혀 관심이 없으시다는 것을.

그래서 하느님은 '헌금을 즐거워하고 찬양을 기뻐할' 에고가 없는 것으로 묘사된다(하느님에게 기껏 우리의 돈이나 우리의 칭찬이 무슨 소용이 있을 것인가? 그것들은 단지 하느님을 대신해서 받아서 관리한다는 성직자들의 기쁨만 늘리지 않는가?).

세상이 비록 환상이지만 수업 학생에게 세상을 대함에 있어서 시간 안에서의 어떤 변화를 요구하는 것은 아니다. 마음이 변하고 자기가 꾸고 있는 꿈을 이해하고 모든 것을 용서하게 된 학생이 자연스레 스스로 포기하는 것이라면 재산이든 지위든 명예든 중요한 맡은 일이든 포기하거나 신경 쓰기를 줄이거나 하는 것은 아무 상관이 없다. 그러나 적어도 수업이 그것을 요구한다고 믿는 것은 단지 수업을 제대로 이해하지 못하고 있음을 보여 줄 뿐 그 학생에게 학습의 진전이 있음을 보여 주는 증거는 전혀 아니다.

동시에 배움에 진전이 있을수록 세상에서 할 일들의 우선순위가 조정되거나 더 이상은 관심이 없거나 하지 않는 일들이 생기거나 하는 것은 자연스럽다 하겠다. '몽환허화 하로파착'이라는 표현처럼 정말로 꿈속의 일인 줄을 안다면 이전처럼 시간과 에너지를 투자할 리는 만무하기 때문이다.

세상은 포기하느라 애쓰면서 오히려 실재로 만들지도 말고 집착하면서 실재화하지도 말아야 한다. 그래서 수업은 붓다가 중도를 가르친 것과 같은 맥락에서 **"너는 걱정할 필요도 없고 무심할 필요도 없다."**고 가르친다(You need be neither careful nor careless. 텍스트 5:90).

걱정하는(careful) 것은 care(주의)가 너무 지나친(careful) 것이므로 집착하면서 실재화하는 것이다. 무심한(careless) 것은 세상에서 상식적으로 요하는 만큼의 care(주의)조차도 아예 주지도 않는(careless) 것이기에 포기하거나 피하면서 오히려 실재로 만드는 것이다. 기적수업의 학생은 아무리 환상일지라도 날아오는 야구공이 보이면 피하는 것이 낫다!

환상인 것들에 대해서는 실재로 믿지 않고 상식적으로 대하면 된다. 자연스럽게 집착이 줄어들고 욕심이 줄어들고 보다 행복한 마음으로 세상에서 살기에 기쁨과 평화가 늘어날 것이다. 일이든 재산이든 지위든 간에 그렇게 의미 있고 가치 있는 것이 아니라는 것을 알고 난 후의 자유를 맘껏 누리면 된다.

보다 평화롭게, 보다 자주 웃고 보다 조용한 눈길을 보내며, 보다 차분한 (조금이라도 찡그려야 될 정도로 중요한 일이란 세상에 없기에) 이마를 가지고 사는 것이다.

아마도 진지한 기적수업 학생이 이전과 비교해서 겉으로 보기에 달라질 것이라고는 기껏해야 주변 사람들에게 보다 친절한 정도일 것이다. 하지만 그의 마음은 더 이상 시간 속에서 세상이라는 환상에 사로잡혀 있지 않기에 진정으로 행복하고 기쁘고 평화로울 것이 틀림없다.

반대로 자신의 생각이건 하는 일이건 이루어 놓은 성취건 모아놓은 재물이건 간에 그것이 실재라고 믿으면서도 마음의 진정한 평화를 누리기는 쉽지 않을 것이다. 지각하는 것이 실재라고 생각하면서도 한껏 자신을 과시하려고 힘을 준 어깨에, 뺏길세라 단단히 움켜쥔 손아귀에, 기회만 나면 더 도약하려고 긴장하고 한껏 구부린 발가락에 힘을 뺄 수는 없다. 그 힘이 풀리지 않으면 마음의 평화가 요원할 것은 자명하다.

또 수탈이나 공격 대상인 이웃과 주변 사물에 예의를 지키고 주의를 쏟으면서 친절할 도리도 없다. 긴장으로 또 언제든지 공격할 준비로 이마는 찡그려지고 눈길은 복잡하게 착잡하거나 날카로울 것이다. 평화와 기쁨과 행복은 이런 낯선 환경에 어울리지 않기에 찾아오지 않는다.

언젠가 세상은 우리가 상대할 필요도 없게 사라질 것이다. 물론 그때는 우리의 사고체계가 완전히 역전될 때이다.

교사 지침서 14:4 세상의 사고체계가 완벽하게 뒤집혔을 때, 세상은 끝날 것이다.

3

죄책감(guilt)

환상이 필요했던 이유이자 환상이 생겨난 배경인 죄책감은 "아버지에게 죄를 지었으니 도망 다녀야 한다."는 우리 마음의 분리에 대한 믿음과 관련된 것이다. 첫 번째 잘못된 판단인 분리의 믿음(동등성의 부정)이 죄책감의 출발점이었던 것이다.

기적수업에서의 죄는 기독교에서의 죄와 그 의미가 현격히 다르다. 무엇보다도 수업에서 죄는 존재하지조차 않기 때문이다. 이것은 기적수업이 가르치는 것 중에서도 가장 근본적인 내용이라고 할 수 있는 진리로서 우리에게 받아들이기 어렵지만 가장 큰 효과를 미치는 사고의 역전을 초대한다.

셰익스피어의 맥베스나 톨스토이의 부활처럼 죄책감을 다룬 문학 작품들은 적지 않다. 종교적으로 신학적으로 규정되어 온 죄의 종류들을 필두로 가장 편의적인 죄의 목록을 보여 주는 현대의 형법에서의 *malum prohibitum(본질적으로가 아니라 단지 금지되기 때문에 죄인 것)*의 아이디어까지 죄라는 아이디어는 인간의 사유나 행동에 대한 범위규정과 해석과 판단의 가장 주요한 들 중의 하나를 제공해왔음은 분명하다. 죄는 다분히 심리적이고 원초적인 것임을 보여 줄 뿐만 아니라 상당히 실용적이고 편의적인 목적에 부합하는 사회/정치적 산물일 수도 있어 보인다.

수업에 의하면 죄는 원천적으로 최초의 '작고 미친 아이디어 하나(a tiny mad idea 텍스트 27:82)'가 우리 마음으로 침투한 것, 우리가 가진 분리의 상상, 그리고 그에 따른 결과물인 죄, 죄책감, 두려움의 발생과 관련이 있다.

그리고 두려움에 휩싸인 우리 마음이 잠에 빠져들고, 그 잠 속의 꿈속에서 마음이 에고를 만들고, 처음에는 단지 상상되기만 하던 '분리를 굳게 믿게 된 믿음'인 에고와 함께 세상, 몸, 우주, 시공간을 만든 전개의 맥락에서 이해되어야 한다.

죄는 몸의 한 국면이고 꿈속의 사건일 뿐 실재하지 않는다. 즉, 죄는 환상이자 비실재이다. 모든 것과 모든 고통, 슬픔, 소란의 시작이었던 분리, 유일한 문제인 분리가 이미 해결되었기 때문이다.

> **워크북 79:1** 실제로 유일한 문제인 분리의 문제는 이미 해결되었다
> (The problem of separation, which is really the only problem, has
> already been solved).

이런 배경의 죄책감이 있는 한 죄를 밖에서 보기에 세상에서 죄인을 찾기 위한 판단을 멈출 수 없고, 죄인이 발견되는 세상을 유지하기 위해서 시간을 지탱하고 보존하게 된다(**텍스트 5:72 죄책감이 시간을 보존한다**).

죄책감은 투사와 실물 세상의 원동력이다.

텍스트 26:48 죄책감은 처벌을 요구하고 그 요청한 것은 주어진다.

환상은 죄책감을 처리하는 장치이고 **죄책감을 피하려고 계속 만들어 내는 것이 공간과 시간의 우주라는 환상이다.** 죄책감이 세상, 우주, 시간과 같은 환상을 지탱하고 유지시킨다. 우리가 그 실제적인 진위의 문제는 별도로 두고서, 어차피 또 하나의 꿈이긴 하지만 소위 환생이라는 것을 경험한다는 것도 완전히 제거되지 못한 이 죄책감 때문이다. 죄책감으로 처벌을 받아야 한다고 믿는 마음은 다른 시공간에서 다시 살면서까지 그 처벌을 경험하려 한다.

직선적 시간이 해결해 주리라 믿고서 죄책감을 지연시켜서 대면(delayed confrontation)하고 싶은 욕망과 관련해서 시간이 생겨서 유지되고, 다른 공간이 해결을 해 주리라 믿고 만들어 내는, 죄책감의 다른 무대(alternate stage)가 공간이다.

텍스트 11:96 너는 오로지 죄의식을 사용해서만 과거에 매달릴 수 있다. 죄의식은 네가 과거에 행한 것 때문에 처벌받을 것임을 입증하며, 따라서 과거에서 미래로 진행하는 일차원적인 시간에 의존하기 때문이다. 이것을 믿는 자라면 그 누구도 '항상'이 무엇을 의미하는지 알 수 없다. 그러므로 죄의식은 너에게서 영원에 대한 이해를 빼앗아 갈 수밖에 없다.

우리는 죄책감을 통해서만 과거에 매달릴 수 있다. 우리가 과거에 한 일에 대해서 벌 받는 것을 보장하고 따라서 **과거에서 미래로 흐르는 일차원적인 선형적인 시간에 의지하는 것은 죄책감이 있기 때문이다.** 그래서 *죄책감은 영원을 실감하지 못하게 한다.*

죄책감은 인간성의 한 요소로서 예술과 문학에서 인간의 의식 안에서 영원히 반복되는 주제이다.

죄책감의 필연적 결과는 두려움이다. 그러므로 죄책감은 **곧 두려움**이다.
→ 분리해 나온 것과 관련된 죄책감은 하느님에게 다시 발견될 것이라는 두려움을 동반한다. 이 두려움은 하느님의 사랑을 두려워함이기도 한데, 자신의 종말을 피하려는 에고의 계산과도 관련이 있다.

아담이 빠져든 분리의 꿈은 두려움/죄책감의 꿈; 오직 용서만 끝내는 꿈이다.
비교, 원망, 공격, 방어, 분노, 판단과 같은 두려움의 증상들이 있다.
인간이 가장 깊은 곳에서 진정 원하는 것인 행복, 기쁨, 평화, 사랑의 나눔이 결여된 결과/후유증이 두려움이다.
분리 후에 혼자라는 믿음이 가지게 되는 '홀로라는 두려움'은 '특별한 관계'를 추구하게 만든다.
이 '홀로라는 믿음'은 약하다는 느낌이기에 두려움 속에서 선제적으로 '공격'하게 만들기도 한다.
괴물 퇴치 영웅담들은 두려움의 양상과 그 극복이라는 보편적인 주제를 보여 준다.

죄책감으로 인해서 몸은 질병에 걸리고 고통을 겪는다.

→ **텍스트 5:64 죄책감 없는 마음은 고통받을 수 없다**(The guiltless mind cannot suffer).

우리 스스로가 자신의 정체를 몸이라고 여길 때 우리는 병에 걸리게 된다. 몸은 우리의 마음이 분리를 믿음으로써 겪어야 하는 죄책감을 외부로 투사한 우리의 마음이 만들어 낸 것이다. 세상과 몸은 마음 안의 죄책감의 투사이므로 환상이지 실재가 아니다.

죄책감은 **외부로 투사되지 않을 수가 없기에** 죄책감을 가진 한 우리는 자신이 몸이고 그 몸을 가지고 세상에 있다고 믿지 않을 도리가 없다. 자신이 몸이라고 믿는 한은 병에 걸리지 않을 수가 없고, 병에 걸린 우리의 몸은 고통을 피할 길이 없다. 몸이 죄책감의 산물이므로 결국 우리의 고통은 죄책감이라는 가장 근본적인 이유에서 비롯된다.

이런 맥락에서 근본적인 죄책감이 외부에 투사된 결과물인 세상과 몸을 포함하는 모든 지각의 대상들과 생각까지도 올바른 방법으로 용서되는 과정이 필요하다. 성령이 가르치는 그런 용서를 할 때만 마음 깊이 놓여있는 죄책감이 제거되기 때문이다.

4

기적(a miracle)

기적은 무엇보다도 (지각의) 교정이다.

워크북 특별주제 13 기적이란 무엇인가?
1. 기적은 교정이다. 기적은 다만 참상을 바라보고는, 마음에게 그것
이 바라보는 것은 거짓이라고 일깨워 준다.

기적은 속죄라는 원리가 치유라는 결과를 가져오게 하는 수단이다(텍스트
2:52). 기적은 또한 속죄가 표현된 것(텍스트 2:86)이고 사랑의 표현(텍스트
1:3, 1:9)이자 치유이기도 하다(텍스트 1:8, 27:16).

기적은 '총체적인 용서(텍스트 1:21 'total forgiveness')'의 자연스러운 표현
이고 용서와 '같은 것'으로 묘사된다.

워크북 특별주제 3 기적이란 무엇인가?
용서는 기적들의 집이다(Forgiveness is the home of miracles).

기적과 관련해서 가장 조심해야 하고 또 기억해야 할 것은 기적의 정의에 대한 것이다. **기적은 먼저 마음(내면)에서 일어나는 변화, 즉 지각의 교정이다.** 이 마음/내면의 변화가 세상/바깥에서 결과로 나타날 때 일부의 경우들에서는 초자연적인 현상(병자의 원인 모를 갑작스런 치유나 물리나 화학과 같은 과학적 법칙들을 초월하는 초자연적 현상 등)으로 나타나기도 한다. 초자연적인 현상들이 동반되는지 아닌지와 상관없이 용서를 통해서 생기는 혹은 용서 그 자체가 의미하는 기적이 기적수업의 기적이다.

1) 기적의 특징들은 다음과 같다

a. 기적들 사이에는 난이도가 없다.

환상에는 크고 작은 것의 구분이 의미가 없다. 어차피 '아무것도 아닌 것(nothing)' 혹은 '왜소한 것(little things)'이므로 형상에 있어서 크든 작든 깊이에 관해서 얕든 깊든 결국 무의미한 것이다.

기적은 환상의 용서이고 지각의 교정이므로 큰 환상이라고 해서 더 힘들게 용서할 리도 없고 현혹의 정도가 깊은 환상이라고 해서 더 어렵게 교정하지도 않는다. 환상을 용서하는 것인 한 기적에는 난이도가 없는 것이다.

> 텍스트 1:1 기적들 사이에는 난이도가 없다(There is no order of difficulty among miracles).

b. 기적들은 몸을 초월하는 것이다.

텍스트 1:17 Miracles are the transcendence of the body.

몸, 시간, 세상, 시공간 등 모든 환상 수준의 것들의 초월을 의미하는 것이 기적이다. 그러므로 단편적으로 일어났다고 보고되곤 하는, 물질 수준에서의 물리학적 법칙을 초월하는 초자연 현상들이나 아프던 몸이 갑자기 나아지는 일들은 기적이기보다는 마법(magic)일 가능성이 더 높다.

> **텍스트 1:17** 기적은 더 낮은 차원의 실재를 지각하는 것에서 벗어나, 불가시성으로 갑작스레 이동하는 것이다. 바로 이것이 기적이 치유하는 까닭이다.

환상 수준을 벗어나는 것이므로 환상 수준의 문제들의 치유, 이를테면 질병들의 치유를 일으키는 것이다.

c. 기적은 결코 상실되지 않는다.

> **텍스트 1:46** 기적은 결코 상실되지 않는다. 기적은 심지어 네가 모르는 많은 사람에게 영향을 주며, 때로는 네가 알아차리지도 못하는 세력들에서 꿈에도 생각지 못한 변화를 일으킨다. 이것은 네가 신경 쓸 일이 아니다. 기적은 항상 너를 축복할 것이다.

우리가 인지하든지 그렇지 않든지 간에 우리가 요청하는 기적은 상실되지 않는다. 마치 우주의 열에너지가 결코 사라지지 않고 보존되는 것과도 같이 우리가 요청해서, 비록 시간 안에서는 지체될지라도, 영원 안에서는 즉각적으로 주어진 기적은 우리가 인식하지도 못하는 새 그리고 지각도 못하는 차원에서 영향을 준다. 우리가 모르는 많은 사람에게. 그리고 우리가 알아차리지도 못하는 세력들에게 엄청난 변화를 일으킨다.

이런 것들은 지금의 우리, 시간 안에서 지각을 사용하면서 살고 있는 우리로서는 이해의 범위 밖의 일이다. 또한 이런 일들과 관련된 하느님의 거룩한 목적도 우리를 넘어서는 것이다(워크북 29:3). 하지만 하나 확실한 것은 기적은 상실되지 않고 그 용도를 다하며 역할을 수행하여 영향을 미치고 변화를 일으킨다는 사실이다.

d. 기적은 총체적이다.

일부의 기적이나 부분적인 기적은 기적이 아니다.

텍스트 1:21 기적은 '총체적용서'의 자연스런 표현이다.

기적은 총체적용서와 관련된다. 정도(degrees)가 없는 용서는 총체적이어야(total) 하고 부분적일 수 없으므로 기적도 부분적일 수 없다. 기석이 일부만 일어나거나 불완전하게 일어날 수는 없는 것이다.

e. 기적은 '부지불식간에' 일어난다(involuntary miracles).

텍스트 1:5 Miracles are habits and should be involuntary(기적은 습관이고 부지불식간에/의식하지 못한 채 일어나야 한다).

의도적으로 기적을 원하는 것은 기적을 일으키는 방법이 아니다. 기석은 일으키는 자가 의식하지 못한 상태에서 일어난다. 기적일꾼이 완전한 용서를 할 때, 병자에게서 오직 그의 거룩함만 볼 때 기적이 일어난다. 의식적으로 그렇게 하려고 할 때가 아니라 그런 용서의 상태에 기적일꾼이 존재할 때 기적은 저절로, 습관처럼 일어난다.

f. 기적은 먼저 믿음이 있어야 일어난다.

> **워크북 특별주제 13** 기적이란 무엇인가?
> 4. 기적은 처음에는 믿음으로(on faith) 받아들여진다. 기적을 요청한다는 것은, 마음이 볼 수 없고 이해하지 못하는 것에 대해 고려해 볼 준비가 되었음을 함축하기 때문이다.

> **텍스트 1:10** 기적들은 실제로 믿는 자를 위해, 믿는 자(believers)에 의해 사용된다.

2) 기적의 종류/양상들

- 사랑 love, 용서 forgiveness, 치유 healing(release from fear), 속죄 Atonement,
- 앎을 얻음 attaining Knowledge, 구원 salvation,
- 지각의 교정 correction of perception(corrected perception),
- 그리스도의 비전 얻음 vision of Christ,
- 새로운/정확한/참된 지각 new/accurate/true perception,

- 새로운 시각 new sight,

- 진정한 정체의 발견 discovering true identity(자신이 몸이 아니라 창조된 그대로 권능과 영광의 존재임을 보는 것),

- 더 이상 속지 않는 것 not being deceived any longer,

- 공격생각들의 포기 giving up attack thoughts,

- 두려움으로부터의 해방을 얻는 방편 a way of earning release from fear,

- 두려움에서 벗어나기 escape from fear,

- 꿈에서 깨어나기 waking up from the dream.

3) 기적들이 이렇게 다양한 양상들로 나타나는 것이 의미하는 것

그것은 앞서서 '기적수업이라는 제목에 대한 유감'이라는 제목의 글들에서 제안했듯이 '기적수업'이라는 제목이 '기적들이란 무엇인가에 관한 수업'으로 바뀌는 것이 수업 전체의 내용에 보다 부합한다는 것이다.

기적은 우리가 흔히 기적이라는 단어와 연상하는 초자연적 사건에 그치지 않고 보다 넓은 의미에서 사고의 역전의 결과로 나타나는 '교정된 지각' 혹은 '두려움에서 벗어나기'라는 의미이기 때문이다.

그래서 자기의 욕망을 속히 이루어 주는 마법적인 수단이나 병든 자를 원하는 대로 일으키는 놀라운 사건이 기적이 아니다. 오히려 사고의 역전으로 생겨나는 새로운 시각으로 공격생각과 폭력에 의지해서 살던 우리가 용서와 사랑의 삶을 살기 시작하는 것이 진짜 기적이다.

두려움으로 자기보존에 급급하면서 보다 편한 삶과 조금 더 많은 재물을 확보하기 위해서 타인을 지배하고 착취하며, 보다 싼 노동력을 찾아 타인을 노예화하면서 그런 삶의 수단으로 주로 타인을 자기에게 복종할 수밖에 없게 만드는 잔인한 폭력에 의존해 온 우리가 다음의 생각들을 하게 되는 것이 가장 큰 그리고 참된 기적이다.

- 주는 것과 받는 것은 같은 것이고 하나이다.
- 주어야만 받는다.
- 주는 것만 우리 것이다.
- 형제에게 주는 용서가 돌아와서 우리를 용서한다.
- 원수가 내 구원자이다.
- 나는 몸이 아니다.
- 나는 하느님이 창조하신 그대로 권능과 영광의 존재이다.
- 나는 죄인이 아니고 거룩한 존재이다(내 안에는 환상인 죄가 아니라 하느님이 주신 거룩함이 있다).

이상의 아이디어들의 수용이 함의하고 있는 새로운 시각 즉 교정된 지각이 진정한 기적인 것이다.

4) 기적이 일어나는 조건

텍스트 6:64 하느님의 동등한 아들들에게는 단 하나의 동등한 선물만을 줄 수 있는데, 그것은 바로 그들의 가치를 완전히 인정해 주는 것이다. 그 이상도 그 이하도 없다. 이 개념은 완벽한 동등성에 대한 믿음이므로, 이것을 믿지 않고서는 기적을 행할 수 없다.

→ 기적은 기적일꾼(a miracle worker)이 상대하는 형제의 **완벽한 동등성을 믿을 때** 그 형제에게 일어난다.

간절한 기도나 안수하기나 다른 어떤 방법을 사용함에 의해서가 아니라 형제의 완벽한 동등성을 믿는 것이 기적이 일어나는 조건이다. 달리 표현해서 기적일꾼은 형제가 비록 치유가 필요한 위치에 있더라도 그의 '가치를 완전히 인정해 줌'으로써 그에게 기적의 치유가 일어나게 할 수 있다. '가치를 완전히 인성해 주는 것'은 물론 그의 외형에 상관 없이 거룩함/신성만을 보는 것이고 그것은 곧 기적일꾼이 완벽한 동등성을 믿는다는 의미이다.

5

용서(forgiveness)

용서는 하느님께서 우리를 위해 마련하신, "우리가 마음으로 만든 지옥에서 우리를 구하기 위한 계획"의 핵심적인 요소이다. 환상을 잊고 하느님과 천국과 우리 자신에 대한 기억을 회복하기 위해서는 용서가 필요하다.

용서를 통해서 세상의 사고가 역전되고(FIP판 기적수업 서문 What It Says) 더 나아가 사고의 역전이 완성된다. 사고체계의 전복으로 시작된 마음의 훈련으로 마침내 우리 마음의 변화가 일어나서 최종적으로 올바른 용서가 가능해진다. 이때는 우리 사고의 역전이 완성되는 시기이다.

> **텍스트 24:26** 용서는 *모든 환상들로부터의 해방*이며, 이것이 바로 부분적으로만 용서하는 것이 불가능한 까닭이다. 하나의 환상에라도 매달리는 자는 아무도 자기 자신을 죄 없다고 볼 수 없다. 그는 여전히 잘못 하나가 자신에게 사랑스럽다고 여기고 있는 것이기 때문이다.

워크북 342과 I let forgiveness rest upon all things, For thus forgiveness will be given me(나는 모든 것에 용서를 선사한다. 그럼으로써 나에게 용서가 주어질 것이다).

1 아버지, 제가 만든 지옥에서 저를 구하기 위한 계획을 주셔서 감사합니다. 저는 오늘 *모든 것을 용서하고…* 그리고 마침내 문을 열어 당신에 대한 기억이 저에게 돌아옴에 따라… *환상을 잊고자 합니다.*

용서란 무엇인가 1
- 용서는 '환상을 실재하지 않는 것으로 제대로 알아보기'이다.

기적수업에서 말하는 용서란

1) 지금 내가 보는 것은 비록 인상적으로 보이더라도, 심지어 때때로 압도적으로 보이기까지 할지라도 단지 환상들일 뿐이며 실재(진짜)가 아님을 즉 '아무것도 아님'을 알아보는 것이다(Forgiveness sees **illusion's nothingness**, 워크북 134:7).

> **워크북 134:7** 용서는 세상의 환상들 가운데서 진리를 나타내는 유일한 것이다. 용서는 환상이 무임을 보고, 환상이 취할 수도 있는 수많은 형식을 꿰뚫어 본다. 용서는 거짓을 바라보지만 속지 않는다. 용서는 죄의식에 미쳐 자책하는 죄인들의 비명소리에 관심을 두지 않는다. 용서는 조용한 눈으로 그들을 바라보면서, "나의 형제여, 당신이 생각하는 것은 진실이 아닙니다."라고 말해 줄 뿐이다.

달리 말하자면, 지금 내가 보는 것은 환상임을 알아보는 것(despite its impressive or overwhelming appearance)이다. 즉, 지금 내가 보는 것은 단지 투사(이미지, 그림자, 가짜, 농담, 공, Nothing, 공격, 방어, 불만, 생각)일 뿐임을 알아보는 것이다.

또, 워크북 99:7에서 설명해 주듯, 지금 내가 보는 것의 겉모습의 형식, 크기, 깊이, 속성에 상관없이 그에 대한 유일한 답을 가지는 것 즉 유일한 답을 알아보는 것(거룩함, 빛, 그리스도, 실재…)이다.

용서는 또한 내가 지금 마치 실재인 듯 구는 환상에 속아서 빠져들기 시작한다는 것을 알아보는 것이기도 하다.

내가 보는 것이 환상이 아니라면 증오에 대해서 완벽한(수학적으로 완벽한, 다시 말하자면 증오를 모두 해소하지 못해서 남는 앙금이 Zero인) 해소는 불가능하다. 증오를 혹은 분노를 완벽하게 해소하지 못하는 것만큼 자신에게로 향해진 증오인 죄책감도 완벽한 해소가 불가능하다.

그러므로 증오도 죄책감도 완전히 없애는 것이 가능한 유일한 경우는 오직 내가 보는 것이 환상/나 자신이 만든 투사물인 경우일 때뿐이다.

이런 이론을 토대로 내가 보는 것(내가 지각하는 것)이 실재가 아님을 알아보는 것이 용서이다. 더 이상 실재인 듯 속아서 연연하지 않고 이제는 그 '의미 없고 가치 없는' 정체를 알아보는 것이라야 용서인 것이다.

2) 용서는 거짓 혹은 실재/진리가 아닌 것을 바라보지만 그 모습에 속지는 않는다.

> **워크북 134:7** 용서는 거짓들을 바라보지만 속지는 않는다(It looks on lies but it is not deceived).

본질이 비어 있고 아무것도 아니며 거짓인 환상은 세상에서 몸을 가지고 사는 한은 피할 수가 없기에 억지로, 힘으로 회피하지 말아야 한다. 단 그것에 연연하거나 집착하지 않는 것이 중요하다(환상들은 어떻게 극복하는가? How do you overcome illusions?).

그렇기 때문에 환상들이 아무것도 아님을 보는 용서는 환상들을 볼 때 그것을 제거하느라 힘을 쓰지도, 억지를 부리지도 않는다. 물론 그것에 연연하거나 집착하지도 않는다. 단지 **바라보고 속지 않을 뿐**이다.

실제 삶에서 자주 깨닫게 되는 것은 환상에 속지 않는 용서는 말처럼 혹은 생각처럼 쉬운 것이 아니라는 사실이다. 이런 경우는 대부분 일단 우리의 주의를 쏟는 초점을 용서할 대상에, 그 형상과 잘못에 먼저 두는 경우이나. 이때 단지 '바라만 보고 속지 않기'는 어렵다. 일단 그것에 초점을 맞추고 나면 용서할 대상을 실재로 만들고 저질러진 잘못을 실재로 여기지 않기는 실로 어렵다.

그러므로 속지 않기 위해서 우리가 기억해야 할 것은 우리의 **초점을 아예 처음부터** 실재에만 두는 것 즉 대상의 겉모습이나 잘못에 두는 것이 아니라 그의 **본성에만 두는 것**이다. 이것이 바라보나 속지 않는 것이나(look on but not deceived by). 겉모습은 물론 간과해야 한다.

이것을 기적수업에서는 **간과하기(overlooking)**라고 부른다. 환상을 일단 보고 나서 시선과 초점을 옮기면 에고의 계획에 **빠지기** 쉽다. 일단 용서할 대상과 잘못을 실재화한 후에 용서하려 하지만 잘못과 그것을 저지른 자는 십중팔구 아니 영락없이 실재화된다. 그러므로 아예 주의를 하느님과 그의 나라에만 두는 것(being vigilant only for God and His Kingdom)이 요령이다. 환상에는 초점을 아예 두지조차 않아야 한다. 간과해야 하는 것이다. 그러므로 워크북 134:7에 나오는 '속지 않고 바라보기'란 아무 **집착 없이 그냥 넘겨 보는 것**이다.

용서란 무엇인가 2
- 용서에 이르기 위해서 필요한 해체와 역전 그리고 은혜

용서에 이르는 것이 우리를 위한 기적수업의 궁극적인 권유이다. 용서만이 우리에게 평화와 기쁨과 행복을 보장하기 때문이다.

이 용서에 이르기 위해서는 먼저 자신이 가진 지각의 장애를 이해하고 인정해야 한다. 지각의 장애를 극복하기 위해서는 이제까지 지니고 있던 믿음 체계, 가치체계를 해체해야 한다. 달리 표현하자면, 자신이 아는 대로의 세상, 자신이 보는 세상은 해체되어서 더 이상 없음을 받아들여야 한다.

이렇게 세상을 해체하는 것은 진리를 발견하도록 이끌지만, 우리가 그 진

리를 위해서 사고의 역전을 두려워하지 않을 때만 가능하다. 역전이 없이는 해체도 없을 것이고 따라서 지금의 지각장애가 사라질 리가 없기 때문이다.

(지각의 문제로 진리를 알 수도 볼 수도 없다가 해체와 역전을 통해서 드디어 진리가 보이기 시작하는 감격은 잘 알려진 찬송가 'Amazing Grace(놀라운 은혜)'의 가사에도 등장한다. "I once was lost but now am found; Was Blind but Now I See(한때는 안 보였었지만 이제는 보인답니다).")

이 역전을 위해서 공부하고 연습을 하다 보면 자연스럽게 깨닫게 되는 것이 바로 '오직 은혜로'만 역전이 일어난다는 것이다. 물론 역전을 가지려고 하는 결정을 하는 것은 자신이다.

그러나 다음 단계에서의 성장과 최종적인 단계에까지 도달하는 것은 오직 하느님의 **은혜만이 가능케** 한다. 물론 이 은혜가 우리에게 실제로 작용하기에는 우리의 믿음이 필요하므로 결국은 우리의 믿음이 모든 것의 기초이다 (이 점에서도 기적수업은 더 없이 기독교적이다).

기적수업이라는 과목을 공부해 가면서 이런 과정을 밟는 것, 즉 지각장애의 발견, 해체, 진리, 역전, 은혜의 발견이라는 단계들을 차례로 경험하는 것은 마침내 우리를 용서에 이르게 할 것이다. 그 지점은 바로 천국의 문 앞이라는 사실은 수업이 여러 차례 강조하는 기쁜 소식이다.

• 지각장애—해체—진리—역전—오직 은혜—용서 그리고 천국

용시가 천국의 문 바로 앞에까지 우리를 데려다줄 수 있는 것은 우리가 용서할 때는 세상의 소리들을 듣기는 듣지만 '희미하게만' 듣고, 시간 안에서 세상 속에서 매일을 살지만 시간을 '넘어서' 보고 '거기 나타난 영원'을 보는 까닭이다(워크북 164:1). 세상 안의 어떤 모습도 소리도 우리의 평화를 깨지 못하기에 세상이 바로 천국인 것이다.

* 세상의 소리들과 모습/형상들은 실재가 아니지만 우리 지각을 채우고 지배하는 상상물/판타지/환상들이다(워크북 49:4 94:1 303:1 336:1 등 '소리들과 형상들' 관련 구절들 참조)

역전이 일어나는 과정은 다음과 같다.

a. 배움이 시작점, 즉 배우려는 의지(용의)와 배우겠다는 결정/선택이 출발점이다.
b. 배움은 변화를 의미-배움은 생각의 변화를 초래(사고의 역전 일어남).
c. 연습-배운 것의 연습은 습관을 만들어서 배움이 뿌리내리게 한다.

반면에 정말로 이해하는 것은 연습할 필요가 없다(워크북 9:1 "You don't need to practice what you really understand"). 그렇다면 나와야 할 질문은 "얼마나 잘 배워야 연습이 필요 없는가?"이다. 혹은 "연습을 충분히 한다면 잘 배울 수 있는가?"이다.

d. 천국의 문 앞에서 문을 넘어가는 마지막 단계는 하느님의 영역이다.
e. 모든 과정에서 성령을 선택하는 것 필요(내가 내리는 이 결정은 배우겠다는 최초의 결정처럼 중요하다). - 성령이 이 선택의 과정에서 인도자, 조력자가 되게

할 필요가 있다(오직 은혜로만 앎이 있는 천국에 최종적으로 도달할 수 있다).

용서란 무엇인가 3
- 가장 무섭고 강한 자는 용서하는 자이다.

자기가 평생을 걸려 만들고 가꾸어 오면서 투자한 세상을, 가지가지 애틋한 사연과 잊을 수 없는 추억이 담겨있어서 자기 인생을 요약해서 설명하는 것이라 해도 무리 없을 그런 세상을, 공들이고 땀 들이고 시간 들이고 확신과 사랑으로 가꾸던 '자기만의 우주'를 버리라는 것, 그게 가짜란 것을 보고, 즉 실재 아닌 것(what is unreal)과 실재(what is real)인 것을 분간해 내어서 속지 말고 버리라는 것이 용서를 가르치는 기적수업의 요점이다.

다르게 말해서, 실재가 아닌 것(진리가 아닌 것; 환상; 비실재)은 모두 용서하라는 것이 수업의 중심 가르침이다.

그런데, 이걸 해내기 위해서는 인간적으로는 정말 강하고 독해야 할 것이다. 물론 용서에 대해서 고찰하면서 용서하는 자의 인간적인 한 측면만 따로 부각해서 볼 때 그렇다는 것이시 강하고 독할 정도의 힘을 가지고 환상을 용서한다는 것은 아니다.

그 환상이 아무것도 아님을 보는 것이 바른 용서이고 그런 용서를 하는 데 필요한 것은 먼저 우리의 용의와 선택이 있을 때 성령이 인도해서 얻게 되는 은혜이지 우리의 강한 힘이나 지독한 노력이 아니기 때문이다.

텍스트 22:45 어떻게 환상을 극복하는가? 힘이나 분노함이나 어떤 식으로건 반대함으로는 확실히 아니다. 단지 환상들은 실제에 모순됨을 이성으로 하여금 알려 주도록 함에 의해서이다.

아무튼, 용서를 해내는 인간들이 가진 강한 면모를 굳이 논의해 보자면, 여기에서의 강함이란 우리가 흔히 듣는 억세고 강한 인간들 수준의 얘기가 아니다. 해군 특수부대 UDT나 육군 수색대나 공수특전단이나 해병대가 연상시키는 그런 강인함의 수준이 아니다.

산 김 씨 둘이서도 죽은 최 씨 하날 못 당한다는 최 씨의 강함이나 그런 최 씨가 울고 간다는 황 씨나, 그런 황 씨가 상대하다가 쌍코피 터지고 앉았던 자리에 최소 삼 년 동안은 풀도 안 난다는 여자 강 씨(조심: 남자 강 씨는 완전 숙맥이다)가 상징하는 수준의 강함도 아니다.

세상이 인정하고 화제로 삼는 그런 종류의 강함보다 아주, 훨씬 더 강해야 자기가 공들여서 만들고 가꾸어 온 세상과 우주를 한순간에 버릴 수 있다. 아무리 크게 해 놓은 투자(환상은 투자이다. 텍스트 7:37)라도 순식간에 손절매하고 일어설 수 있다.

이건 분명, 모두가 더하라고 박수칠 때 떠나거나 화투판에서 한참 끗발 오를 때 쉬어 가거나 하루아침에 담배 끊거나 하는 수준과도 다르다(사실 이 정도도 잔인하게 독하긴 하다). 굳이 예를 들어 보자면, 창세기에 나오는 아브라함이 자기 외아들 이삭의 심장을 향해 칼을 내리꽂으려는 강함이거나, 계백장군이 자기 처와 자식들을 먼저 쳐 죽이는 지독함 같은 것일 것이다.

진리를 얻을 수 있다면 모든 걸 투자해서 하던 일도 초개같이 버릴 수 있는 강함이다. 바울이 말했듯 '세상의 것들을 다 배설물처럼 여길' 정도로 독한 것이고, 논어에 나오는 '조문도 석사가의(아침에 도를 들으면 저녁에는 죽어도 상관없다)'가 가리키는 강인함이며, 소돔과 고모라에서처럼 불타는 집과 재물과 가족까지 뒤에 두고도 뒤돌아보려는 마음 한 조각조차 없이 오직 진리만을 향해 나아가는 그런 강함이다.

신약성서에서 예수가 비유로 묘사하듯 보화가 숨겨진 밭을 발견하고는 눈 하나 깜짝 않고 '전 재산을 팔아서 그 밭을 사는' 기운이다. 흔히 말하는 '극상의 근기'요, '수승한 공부 수준'이라는 표현이 이런 인간을 겨우 이느 정도 묘사하는 것 같기도 하다.

그리고 기적수업에서는 한발 더 나아가서 모든 것을 다 털어서 산 그 밭에 있는 보화조차도 실재의 상징일 뿐임을 보고 또다시 버리는, 즉 하나도 남김 없이 모든 것을 용서하는 수준의 단호함을 가르친다(물론 길에서 부처를 보면 부처를 죽이고, 조사를 보면 조사를 죽이라는 임제선사의 말씀도 같은 취지로 전해지긴 한다).

이 정도의 강함은 '독함'이라는 형용사가 더 적확하고 잘 어울릴 것 같기도 하다.

(이런 종류의 인간은 조심스레 대해야 하는데, 어쩌다 걸리면 진짜 끝을 보게 된다. 원하는 것이 없으니 뇌물도 안 통하고, 무서워하는 게 없으니 협박도 안 통한다. 환상을 믿지 않으니 어떤 화려한 유혹에도 넘어가지 않고,

자신이 몸이라고 믿지를 않으니 병에 걸려 약해지지도 않는다. 지독한 결정이고 지독한 집행이고 지독한 사랑이다.)

기적수업 공부를 10년째 하고 있는 나는 어느 날 이른 아침에 깨어나서 침대 바로 옆 소파에 앉아 비몽사몽간에 한 생각에 빠졌다.

"내가 대체로 숙맥이긴 하지만 어떤 국면에서는 꽤 독한데…. 뭐가 문제지?" 순간 문득 한 자각이 왔다.

"내가 공부가 더딘 이유는 혹은 내 문제는… 버리고 용서하기를 배우고 실천하려는 독한 결정을 곧잘 하긴 하지만 하룻밤 자고 나면 또 새로운 우주 하나가 생겨나 날 보고 예쁘게 웃고 있는 것이었구나!"

십 년을 했으니 언젠가는 제대로 되겠지?
(사실은 시간의 장단이 아니라 나의 용의가 순수하게 성령에게 위임되는 것이 관건이다.)

혹은 내 아둔함으로 볼 때 이미 된 걸 모르고 여전히 세상이 좋아서 갖은 변명으로 기억을 주물럭거리며 버티고 있는 거(머뭇거리는 꿈 'a lingering dream')겠지?
(당연히 내 아둔함은 가진 것도 누리지 못하고 더 열등한 것을 끼고 놀며 희희낙락하는 수준이다.)

내가 아둔해도 한계가 있고, 성령이랑 타이밍도 스텝도 잘 안 맞아도 한계가 있지, 진리의 힘이 언젠가는 날 압도해서 내가 정말로 다 놓게 만들겠지?

(인간인 우리의 아둔함은 수십/수백만 년의 깊이가 있어서 우리가 느낄 수 있는 한은 한계가 거의 없다. 타이밍 안 맞고 발걸음 꼬이는 것도 성령이라는 파트너의 문제가 아니라 우리가 춤을 잘 추기에는 너무 겁이 많아서다.)

언젠가는 모든 환상을 놓고 용서하게 해 줄 '진리의 힘'의 혜택을 보는 것 역시 시간의 문제가 아니라 "그렇게 하려는 의사가 정말로 있느냐" 하는 용의의 문제이자 성령을 초대하느냐 혼자서 하겠다고 나대느냐의 문제이다.

용서란 무엇인가 4
- 용서를 위해서 '기적을 요청하기'의 어려움

> **텍스트 30:94** 어떤 꿈 하나를 선호하려는 유혹 때문에 여기에 불확실성이 들어오게 하지 말라. 네가 형제의 정체에 대한 꿈에 유혹받는다고 하여 죄의식을 느끼거나 두려워하지 말라. 하지만 그를 볼 때, 그의 내면의 변함없음을 대체할 힘을 그 꿈에게 주지 말라. 그 대신에 기적을 요청한다면 사라지지 않을 가짜 겉모습은 없다.

이 구절에서 배워서 기억할 것은 먼저, 우리는 고향으로의 여정에서 그 시작점이든 끝나는 지점에 가까운 곳에서든 언제라도 반복적으로 '꿈'에 의해 유혹받을 수 있다는 것이다.

다음으로는, 그 꿈은 적지 않은 경우 우리에게 해를 입히거나 공격을 하거나 상처를 준 형제에 관한 것이며, 그 꿈의 내용은 '그 인간은 이러 이러한 인간이다.'라는 식의 정체에 대한 판단을 포함한다는 것이다. 위 본문에서 '형제의 정체에 대한 꿈(즉, 그가 무엇/어떤 존재인지에 대한 꿈)에 유혹당할 때 (when you are tempted by a dream of what he is)'의 의미가 그것이다.

꿈에 또다시 유혹당하지 않기 위해서 기적을 요청하기는 쉬운 일이 아니다. 그것은 모든 꿈의 포기이고 모든 환상의 용서이기에 근본적으로 그리 쉽지가 않다. 게다가 기적을 요청하는 삶은 자칫 재미도, 멋도, 맛도 없고, 무료하거나 허무한 삶이 아닐까 하는 의문을 일으킬 수 있다.

반면에 꿈이란 기본적으로 소위 '사는 맛'을 느끼게 해 준다. 워크북 136:21에서 꿈이 어떻게 사는 맛을 느끼게 해 주는지에 대해 유추할 수 있는 힌트가 숨어 있다.

"만약 너의 마음이 공격생각을 지니고 있고, 판단에 굴복하고, 미래의 불확실성에 내비한 계획을 세우도록 허용하면 너는 몸을 자신의 정체로 다시 확인한 것이기에 다시 아프게 된다."

① "공격생각을 계속 지니고 있고"

이런 상황에서는 기회만 오면 복수를 할 수 있다. 복수란 이원성에 근거해서 판단과 특별성을 받아들이기에 가능하다. 완벽한 동등성과 온전성의 부정이기에 그래서 높낮이와 차이의 체험이기에 흥분되고 재미있다. 어쩔 수 없는 죄책감이 공격의 대상에게로 투사되기에 공격생각을 하는 정도에 비례해서 자신이 죄책감에 시달리는 것은 유예될 수 있다는 부상도 따른다.

② "판단에 굴복하고"

판단을 하면 분노를 피할 도리가 없다. 형제의 악과 부족함과 거짓과 뻔뻔함이 선명하게 드러나기 때문이다. 판단으로 인해서 복수는 정당화되고, 멋지고 효과적인 공격을 계획하는 흥분과 재미와 보람 있다고 여겨지며 살아 있다고 느끼게 해 주는 인생의 목표와 사는 맛이 가능해진다.

③ "미래의 불확실성에 대비해서 계획을 세우고"

분석하고 판단하고 공격과 방어의 계획을 짜고 온 정력을 쏟아서 미래 계획을 짜는 것처럼 사는 맛이 나게 하고 머리를 맑게 해 주며, 보다 선명하게 사물을 보고 예리하게 관찰하도록 이끄는 것은 많지 않다. 우리 스스로의 능력과 특별성이 맘껏 발휘되어서 하느님도 성령도 일체성과 동등성의 원리도 잠시 뒤로 물러나게 한 채 우리 몸은 최대한의 자유와 자율을 즐기게 된다. 비록 얼마 가지는 못하더라도 인간 삶에서 이것처럼 흥분을 가져다주는 조건도 많지 않다.

이러한 꿈의 매력에도 불구하고 진리를 배워서 알게 된 우리는 꿈의 유혹이 있을 때마다 그리고 그것에 저항하는 것이 쉽지 않음을 예감할 때마다 죄책감을 느끼지 않을 수 없다. 그러나 수업은 이것에 대해 명확한 가르침을 준다.

위 30:94에 나오듯, 형제가 어떤 인간인지에 대한 판단의 유혹이 생길 때 죄책감을 느끼지 말고 대신에 기적을 요청하라고 한다. 이런 기적의 요청이 몹시 어려운 것은 사실이다.

하지만 누군가의 정체성을 판단하려는 이런 유혹에서 벗어나고 죄책감에서 해방되는 것은 기적을 요청함에 의해서만, 즉 성령에게 위임하고 대신 결정해 달라고 혹은 발걸음을 인도해 달라고 요청하는 것으로만 가능함을 잘 기억해야 한다.

용서란 무엇인가 5
- '의미 없는 꿈의 재료'인 직물(용서에 대한 정직함에 대해서)

용서에 대한 정직하고 깊은 사유만이 밝혀줄 수 있는
죄책감과 경험의 환영성(비실재성)

죄책감과 모든 경험 그리고 지각하는 모든 것의 비실재성(환영성)을 진심으로 받아들이지 않고서는 결코 그것들을 제대로 용서할 수 없다. 자기의 원수를 용서하는 문제에 있어서 자기가 당한 것 그리고 원수가 저질렀다고 생각하는 일이 온전히 용서되는 전제조건은 오직 그 경험과 원수가 행한 일이 환상임을 보는 것이다.

용서는 누군가를, 무엇인가를 용서하는 것이 아니라 우주와, 세상과, '참 나'가 아닌 '꿈꾸는 나'의 경험이 진짜가 아니라 내가 만들어낸 공상물, 가짜, 환상임을 아는 것이다.

환상이 아닌 일(아니라고 믿는 일)을 자기가 저질렀건(이 경우에는 주로 모든 공격생각, 판단, 홀로 염려하고 계획하기의 뿌리인 죄책감에 사로잡힌다.) 타인에게로부터 당했건 간에(이 경우는 주로 자기에게 고통을 준 형제를 원수로 여기고 원망하고 분노하며 복수와 공격을 계획하게 된다.) 제대로 용서할 수 있다는 생각은 수업에서 기회 있을 때마다 '에고의 용서'라는 표현을 빌려서 '진정한 용서'라는 열매를 맺기에는 불가능한 잘못된 생각임을 지적하고 있다.

'형제가 내게 어떤 일을 저질렀지만, 나는 그것을 용서한다.'는 논리는 결코 성령에게 드려서 일어나는 성령의 용서, 기적수업이 가르치는 용서가 아닌 것이다. 기적수업의 용서는 '누군가가 한 짓'을 일단 실재화 하는 것이 아니다.

기적수업의 용서란 세상의 법칙으로는 나의 원수라고 불리기에 합당한 형제가 내게 한 것에 대해서 **"아무런 일도 일어나지 않았다."**고 생각하는 그런 용서를 말한다.

그러므로 진정한 용서는 우리가 몸을 가지고서 체험하는 모든 것(생각, 사건, 감정 등 모두)이 환상임을 알아야만 가능한 것이라고 결론지을 수 있다. 텍스트 27:18이 '의미 없는 꿈을 만드는/꿈의 재료인 직물(the fabric of a senseless dream)'일 뿐이라고 지칭하는 그 환상 말이다.

이렇게 죄책감과 복수심에서 벗어날 수 있으려면 용서만이 해답일진대, 이 해답을 얻는데 성공하기 위해서는 그냥 늘 듣던 대로 혹은 별 주의 없이 늘 생각하던 대로 "고통스럽긴 하지만 거듭난(오래 수련한; 많이 배운; 곧 죽을; 한 살이라도 더 먹은; 보기 드물게 깨달음을 얻은…) 내가 꾹 참고 용서해야겠다."는 정도의 용서에 대한 사유와 마음가짐으로는 결코 가능하지 않음을 이해하고 명심할 필요가 있다.

　죄가 실재라면 아무도 죄책감에서 벗어날 수 없고, 내가 당한 일이 실재라면 용서는 절대로 가능하지 않다. 의미 없는 꿈을 만드는 직물이기에 모든 것은 비로소 용서할 수 있다(만약 누군가가 환상이 아닌 일을 당하고도 용서할 수 있다고 믿는다면 자신을 과대평가하거나 용서를 과소평가하는 것이다).

　자신의 경우이든 잘 알려진 타인의 경우이든 용서하기에 관한 전체 맥락을 깊이 살펴보고서, "내가 세상에서 몸으로 경험하는 모든 것은 '의미 없는 꿈을 만드는 직물'일 뿐임"을, 달리 말해서 '환상(비실재)'일 뿐임을 받아들이지 않고서도 과연 '진정한 용서'가 가능할 것인지를 정직하고 냉철하게 사유하고 힘들겠지만 받아들여야 한다.

　세상과 우주는 의미가 없는, 꿈의 한 조각일 뿐이기에 용서할 수 있다. 우리가 진정한 용서를 배워서 다시 선택하기에 세상과 우주의 '지각된 실재성(perceived reality)'은 마침내 사라진다.

　이제는 나도 용서할 수 있다.

용서란 무엇인가 6
- 내 힘만으로 용서하는 것의 한계

용서의 난이도는 없어야 한다.

"이것은 내가 만들어낸 환상이다. 실재가 아니니 용서하자…. 실재도 아닌

데 용서하지 못할 이유가 어디 있는가?…"

그러나… 과연 그러한가?

용서하기는 말이나 생각으로는 쉬워 보일 수 있다. 특히 모든 것이, 세상이, 생각이, 사건이, 사람이 실재가 아니고 단지 내 생각이 지어낸 환상임을 알고 나면….

그런데 일견 쉬워 보이기도 하는 용서지만, 환상을 용서하는 데 있어서 얼마나 '완전히(부분적으로도 아니고 일부 대상만도 아니라)' 용서할 수 있는지는, 성령에 의지하지 않고서도 과연 '완전한' 용서가 가능한 것인지는 결코 쉽게 답할 수 있는 질문이 아닐 것이다.

여태껏 인생을 살아오면서 어떤 수준의 부조리나 불평등이나 불한당이나 불시의 사고를 삶에서 겪고 만났느냐가 최소한 부분적으로는 '진정한' 용서의 가능성에 영향을 미칠 수 있을 것으로 보인다.

걸려 있는 것이 얼마나 많은 돈이면 용서하기보다는 복수를 하고 싶을까?

얼마나 큰 이권이나 명예가 달려 있다면 용서하기보다는 매달리고 집착해서 내가 원하는 방향으로 일을 이루고 싶을까(나의 목표와 관련된 심리적인 내용물이 앙갚음이든, 착복이든, 축재이든, 모함이든, 혹은 매복이든 간에 말이다)?

이 질문은 어느 정도의 보상이면 양심도 때로는 가족이나 사랑하는 사람도 팔 것인가라는 질문과 정확하게 같다(유다는 과연 은 30냥으로 충분히 보상을 받았는가 라는 질문이다).

과연 우리는 용서를 할 수 있는가? 성령의 도움을 청해 받지 않고서 우리의 힘만으로도 용서하기는 가능한가(태평양을 헤엄쳐서 건너려는 어린아이도 올림픽 금메달리스트 수영선수도 어차피 도중에 빠져 죽을 것은 마찬가지 아닌가)?

우리의 용서는, 용서하면서 얻는 긍지나 자부심이나 자기영광이 용서하지 않고 복수할 때, 왜곡할 때, 집착할 때, 끝까지 갈 때 얻어지는 만족감, 복수의 쾌감보다 더 클 때만 가능한 것은 아닌가?

충분한 보상만 있다면 양심이라도 파는 것이 마땅하지 않은가(더구나 그러는 것이 대부분 가문들이 자식에게 가르치는 소리 없는 가훈이고 문자로 기록되어 있지는 않아도 우리 사회가 대대로 전달받고 전승해 주는 불문율은 아닌가)?

환상이라 믿으면서도, 어느 지점을 넘어가면 용서하지 못하고 스스로 악마로 변할 수 있다면 무엇인가를, 누구인가를, 어떤 기구한 사건과 애절한 사연을 환상이 아니라 실재라고 지각하고 생각하고 믿으면서도 용서할 수 있을 것인가?

진리에 대해서 조금 배우고 연습했지만, 여전히 연약한 손아귀로 지옥문을 막아 움켜쥔다고 복수와 앙갚음과 가문의 융성과 정의 구현과 명예 보존 이라는 이름들의 마귀들과 악령들의 탈옥을 막을 수 있을 것인가?

나의 힘만으로 용서하기가 힘듦을 깨달을 때는 이것을 꼭 기억해야 한다. 몸이건 세상이건 모든 환상은 내가 만든 것이기에 내가 그 **책임을 받아들이고 용서할 때, 그래서 내가 만든 것을 내가 풀어 줄 때 그 용서가 나 자신을 용서해서 애초에 그것을 만들게 한 나의 죄책감을 치유**한다.

이때 나는 원수들과 적들과 곤란한 상황들과 어려운 숙제들과 병으로 고통받는 몸으로 둘러싸여 있는 결과의 사리에 있는 것이 아니라 그런 환상들을 일으킨 원인의 자리에 드디어 있게 된다. 이렇게 **바깥에 있는 환상을 용서함으로만 보다 근본적인 문제였던 내면의 죄책감을 처리할 수 있게 되는** 것이다.

우리가 진정한 용서를 할 수 있는 정도는 세상과 몸을 위시한 모든 지각의 대상들이 환상에 지나지 않음을 우리가 알아보는 그만큼이다. 환상을 그 모습에 현혹됨 없이 내가 만들어 낸 것으로 알아보는 그런 올바른 용서만이 우리 자신의 죄도 역시 환상일 뿐임을 결국은 인식하고 받아들이게 만들고 궁극적으로 우리의 가장 은밀하고 미묘한 죄책감까지도 모두 제거할 것이다.

이렇게 내면의 죄책감이 먼저 제거되어야 드디어 세상이 나에게서 풀려난다(**워크북 132과 나는 세상이 어떤 것이라고 생각했던 그것으로부터 세상을 풀어 준다**). 이제야 진정으로 용서가 성령의 계획대로 완전해진다. 우리 내면의 죄책감이 바깥으로 투사되어 생겨난 환상을 우리가 올바로 용서할 때 그 바깥에서의 우리의 용서는 다시 내면으로 향해서 우리의 근본적인 죄책감도 없앤다.

이것이 바로 우리가 주는 용서를 우리가 받는 원리이다. 주는 것이 받는 것이다. 우리가 바깥에다 만든 세상에 대해서 책임을 인정하면서 용서할 때 비로소 그 원인이었던 내면의 죄책감까지 완전히 용서받고 우리가 자유롭게 풀려나는 이 원리가 기적수업의 가장 중요한 원리들 중의 하나이다.

> **교사 지침서 29:3** 결정을 점점 더 자주 성령께 맡기는 데는 또 하나의 아주 중요한 이점이 있다. 성령의 안내를 따르는 것은 너를 죄의식에서 벗어나게 만든다. 이것은 속죄의 정수다. 이것은 커리큘럼의 핵심이다.

특히 이런 용서의 과정에 주관하도록 성령을 초청해야 궁극적으로 내가 혜택을 입는 나의 용서과정이 실패하지 않는다. 나의 성공적인 용서과정과 그로 인한 내면의 죄책감의 치유는 환상에 대한 나의 책임을 인정하고 받아들이는 것만큼이나 성령을 초대하는 것에도 달려있다. 참으로 용서하기 힘든 상황과 상대를 만날 때 *성령의 도움을 청하고 그의 인도를 따라야* 하는 이유이다. 성령이 주관하는 용서만이 나로 하여금 바른 용서인 성령의 용서를 하게 만들고 그로 인해서 내 마음의 무의식 차원에도 아무런 용서할 일도 일어난 적이 없다는 진리를 전해서 가장 깊은 차원에서 나의 죄책감이 진정으로 제거되게 만든다.

결국 나 자신의 치유를 위해서 용서할 상황과 대상이라는 환상이 생겨난다. 이것을 피하여 용서에 실패하면 시련은 다시 생긴다. 내가 그 환상을 만든 것에 대한 책임을 부인하거나 성령을 초청하지 않고서 나만의 힘으로 그 환상을 용서하려고 할 때 같은 교훈을 가르치기 위해서지만 다른 모습으로 다시 찾아올 시련을 피할 길은 없다.

> **텍스트 31:87** 시련이란 단지 네가 배우지 못한 레슨이 다시 주어지는 것에 불과하다(Trials are but lessons which you failed to learn presented once again).

내 생각이 만들어낸 환상도 아닌 실재인 그 원수(놈)을 용서하라고요? (참 성격 좋고 인내심 많은) 나는 절대로 못 할 것 같은데 당신은 어떠신지요?

환상이라 할지라도 성령의 도움 없이 내 힘만으로 원수를 용서하라고요? (참 많이 배우고 교회 열심히 다녀서 '거듭난') 나도 내 힘만으로는 용서하지 못할 것 같은데 당신은 어떠신지요?

용서란 무엇인가 7
- 오른손이 왼손 용서하기와 무주상보시

오른손이 하는 일을 왼손이 모르게 하는 것만이 천국에서 상이 있다고 예수는 가르쳤다. 환상을 용서하는 문제와 관련해서 우리를 흔히 잘 속여 넘겨서 마치 실재인 듯 반응하게 만드는 몇 종류의 매우 교묘한 환상의 속임수들에 관한 경고로 들린다.

속임수의 종류에 대해서 말하자면, 비교적 파악이 쉽고, 자신의 하는 일을 위장하지 않으면서 노골적으로 속이려 드는 원초적인 속임수가 있는가 하면 이것이 과연 속임수인지 파악하는 것조차 쉽지가 않은, 극히 세련되고 잘 위장된 심층적인 속임수가 있다. 실재가 아님에도 불구하고, 우리를 분노나 욕정이나 명예욕이나 소유욕 같은 비교적 거친 감정들에 휩싸이게 만드는 것이라면 원초적인 속임수로 이해할 수 있을 것이다.

실재가 아님에도 불구하고 우리를 분노나 욕정이나 명예욕이나 소유욕 같은 비교적 거친 감정들에 휩싸이게 만드는 것이라면 원초적인 속임수로 이해할 수 있을 것이다.

보다 은밀하고 심층적인 속임수의 예로는, 겉으로는 상냥하고 헌신적인 마음의 소유자로 보이는 어떤 사람의 아주 깊은 마음속에 은밀하게 도사리고 있는 긍지, 자부심, 교만함, 나는 이러저러하게 다른 이들과는 다르다고 생각하는 분별심과 특별성, 그리고 나의 개성과 독립성과 자율이라면 어떤 경우에도 절대적 가치를 가지기에 결코 양보하지 못한다는 식의 개별성의 찬양 등을 꼽아볼 수 있겠다.

보다 심층적인 속임수의 경우는 주로 겉으로 보기에는 별 문제가 없는 것처럼 보이지만 속으로는 지극히 뿌리 깊고 고질적인 아상, 스스로 보기 쉽지 않고 인정하기는 더 어려운 자기 이미지에 대한 고착, 그리고 마음의 가장 깊은 곳에 교묘히 숨겨져 있는 상처와 관련이 있는 믿음 체계의 결과가 우리의 마음을 지배하고 있는 상태와 대부분 연관되어 있다.

이런 맥락을 고려할 때, 오른손이 하는 일을 왼손이 모르게 하라는 가르침의 교훈은 물론 심층적인 속임수와 관련된 것으로 보인다.

오른손이 하는 일에는 자랑스러운 일뿐 아니라 사악한 일이나 죄책감을 유발할 종류의 일도 포함된다. 왼손이 모를 정도로 용서하기의 대상인 꿈은 좋은 꿈, 나쁜 꿈, 자랑스러운 꿈 그리고 창피한 꿈 모두를 포함하기 때문이다.

'오른'손이 하는 일을 알게 되는 것은 '왼'손 정도의 위치에서라면 기실 피할 수가 없을 일이겠지만 굳이 모르게 하라고 하는 말은 그만큼 우리의 생각과 하는 일이 '완전히' 용서되도록 유념하며 살라는 의미일 것이다. 그렇지 않다면 항상 속아 넘어갈 수밖에 없을 정도로 교묘한 속임수가 작동하는 경우이기 때문에 그러하다.

오른손이 하는 일을 왼손도 모르게 하라는 것은, 다시 설명하자면, 마음 한 구석의 실재가 아닌 생각(사랑하는 생각이 아닌 다른 모든 생각)이라면 조금이라도 유지되고 남아 있어서 어떤 결과를 맺게 하지 말고 생기자마자 바로 사라지게 하라는 것이다. 왼손조차 무슨 일이 있었는지 모를 정도로 말이다.

즉, 마음에서 그런 생각이 일어나자마자(오른손이 하는 일을) 같은 마음의 다른 어떤 부분/구석조차 그 생각을 알지 못할 정도로 즉시 용서하라/사라지게 하라(왼손이 모르게 하라)는 뜻이다.

우리가 온전히 경계하여 마음속의 어떤 환상이라도 다 직시하고 용서하지 않으면 '무주상보시(아무런 '상'을 가지지 않고, 어떤 기대나 집착 없이 베푸는 것)'가 어렵고 무주상보시가 아니라면 천국에 상이 있을 정도의, 진정한 보시는 아니라는 것이다.

세상에서의 칭찬이나 자기만족과 같은 상밖에 기대할 수 없는 종류의 보시라면, 그것의 기반은 무조건적인 사랑, 진정한 사랑이 아니라 일종의 특별한 사랑일 것임에 틀림이 없다.

절대의식이 우리 개인의 의식으로 나타나게 될 때 그것은 이미 개별성과 특별성으로 제한되고 한계지어지기에 피치 못하게 '상(image)'을 만들어 내어 유지하고 강화하면서 에고의 영역을 차지하고 거기에 속하게 된다.

우리의 이러한 개별성과 특별성은 그 출신 성분('적자'가 아니라 '서자'이다.)상, 살아남아 있으려는 성향이 간절하기에 오른손이 하는 일을 왼손은 속속들이 알고 싶어 한다. 신정한 소통이 불가능한 에고가 '수집된' 정보와 '조작된' 유대를 통해 강화되어서 자신을 유지시키려는 마음에서이다.

아무리 마음 한구석에서 영웅적이고 대범하고 위대한 봉사의 생각으로 무슨 일을 하거나 베풀더라도 마음의 다른 쪽 한구석에는 스스로 대견하고 자랑스럽고 특별하다고 느끼지 않기는 어렵다는 말이다. 기적수업 텍스트에서 '에고의 허장성세(grandiosity)'라고 부르는 성향이다. 그리고 이 성향은 잘났든 못났든, 선하건 악하건 간에 이 땅에 온 모든 에고가 가지고 있다.

이렇게도 우리의 의식과 생각이란 완전히 용서되는 것이 어렵다는 얘기이다. 그것은 아무리 모든 것을 용서하겠다고 단단히 결정한 다음에도 은밀하게 다가오는 개별성과 특별함의 유혹에 유난히 취약하다. 또 모든 것과 심지어 자신의 형상까지 만들고 이미지를 만들어서 의지하고 뿌듯해 하려는 유혹에서 벗어나기 쉽지 않다.

그러므로 실재가 아닌 어떤 생각(사랑하는 생각이 아닌 모든 생각)이 들 때는 '즉각' 해야(바로 알아차려야)한다. 심지어 보시한다는 생각과 관련해서도 마찬가지이다. '즉각' 하지 않고 좀 두고 보려 하거나 좀 천천히 보면서 결정하려 하면 그 생각을 즉시 '무'로 만들 수 있기보다는 오히려 그것에 삼켜지기 쉽다.

(우리 생각은 본성상 우리를 데리고 놀려고 생겨난다. 그래서 지눌스님은 '수심결'에서 '염기즉각'할 때 '각지즉무'라고 했다(생각이 일어남을 바로 알아차리면 알아차리는 즉시 사라진다).)

워크북 187:7도 같은 얘기를 한다. **"알아차린 환상들은 반드시 사라진다 (Illusions recognized must disappear)."**

'즉각' 하지 않는다면 바로 없어지지('즉무') 않는다. 바로 용서해서 그 환상을 끝나게 하지 않으면 그 환상과 잠시 더 노닥거리는 것이 받을 수 있는 상의 전부이다. 진정한 용서가 없이는 천국에 들어갈 수 없고, 기쁨과 행복과 평화는 진정으로 오지 않기 때문이다.

완벽한 용서가 바로 일어나지 않을 때(즉, 오른손이 하는 일을 왼손은 알 수 있을 정도로 실재 아닌 우리 생각이 비록 환상이지만 상당히 지속되는 파동을 남길 때) 우리 생각의 그 미세한 영역들까지도 온전히 용서되기는 어렵다.

마찬가지로 성부도 예수도 모든 세상도 자기 자신조차도 다 용서할 수 있어야만 진정한 용서이다. 다른 건 다 용서가 되지만 성부라서, 예수라서, 세상 전체라서, 너무나 사랑스러운데다가 무슨 짓을 해도 언제나 어여쁜 자기 자신이거나 편애하는 자식 혹은 첩이라서 완전한 용서가 어렵거나 그 시점을 조금 더 미루고 싶다면 그 미루는 것으로 우리는 이미 우리가 '받을 상'을 다 받은 것이다.

(실제로 성부, 신, 절대자, 창조주, 예수, 교회, 부처님, 사찰 등의 소위 '거룩한 상징들'로 알려져 온 것들과 관련해서는 유난히 집착을 가지고 용서를 어려워하는 사람들이 있다.)

그런데 그 '다 받은 상'이라는 것은 기껏해야 여기서 환상의 장난감을 가지고 조금 더 노닥거리는 것일 뿐이다(결국은 들어올 거면서 밥을 안 먹더라도 놀이터에서 조금 더 놀겠다고 불러도 또 불러도 영 대답 없던 내 딸 생각이 난다).

강렬했으나 덧없이 짧았던 편애와 연애의 순간들….
눈에 넣어도 정말로 하나도 안 아플 것 같던, 대견스럽고 예쁘디예뻤던 자식의 이미지들….
한 여름날 대낮, 땡볕에 녹아내리는 '아이스케키'처럼 이내 스러져 버린 연애의 추억들….

너무 빨리 잊혀져 버린 그 이름들과 그 '상'들….

문제없이 용서한 줄로만 알았던 우리가 '이미 받은 상'의 목록들이다.

"Act Your Age(나잇값 좀 해라)."라는 표현은 역시 나잇값 하는 사람이 많았다면 생기지 않았을 터이지만….

노파심에서 다시 강조하자면, 오른손이 하는 일을 왼손이 모르게 하는 것은 용서하되 즉시, 그 무엇도 예외로 삼거나 미루지 말고, 모든 것에 관해서, 심지어 가장 거룩하게/애틋하게 여겨지는 상징들에 관해서까지 용서하는 것이다.

용서란 무엇인가 8
– 도저히 용서가 안 될 때

나름 무진 애를 써도 무엇인가는 끝끝내 용서할 수가 없다고 느껴지는 경우가 있다. 이런 경험을 하는 이유 중에서 가장 핵심적인 요소는 **내면의** 죄를 여전히 **외부에서** 보는 것이다.

다르게 표현하자면 자신이 마음속의, 즉 **내면의 죄책감에서 벗어나지 못하는 것**이 용서의 어려움 심지어 불가능함을 느끼는 이유이다. 그렇다면 수업이 가르치려 의도하는 중요한 사안들에서 늘 그렇듯 '사고의 역전'은 무척 요긴할지도 아니, 꼭 필요할지도 모른다.

텍스트 27:14 아무도 자신이 실재라고 믿는 죄를 용시할 수는 없다
(No one can forgive a sin which he believes is real).

환상이란 단지 우리 마음의 투사물일뿐이라고, 즉 실재가 아니라고 믿을 때조차도 때때로 용서하기가 힘든 경험을 하게 될 만큼 환상의 기만이 강력함을 기억할 때 지각에 포착되는 우리의 경험이나 어떤 복수하고픈 대상을 실재라고 믿으면서도 용서에 성공할 수는 없음을 추측하기는 어렵지 않다.

그러므로 우리가 죄를 우리 자신의 바깥/외부에서 본다면

- 이미 판단하고(즉, 공격에 대해 방어하고),
- 형제의 행위를 단지 바라보지 못하고(그것에 반응·대응하고),
- 기다리지 않고 자신도 그 상황을 진짜라 믿으면서 상황 속으로 뛰어든 것이다.

워크북 특별주제 1 용서란 무엇인가?
4. 용서는 단지 바라보고, 기다리며, 판단하지 않는다(It merely looks and waits and judges not).

그러므로 자신이 여전히 죄책감에 잡혀 있는 한은 투사의 법칙에 따라 외부에 자꾸 그리고 어김없이 나의 내면으로부터 투사된 죄가 보일 것이기에 형제의 잘못을 용서할 도리는 없을 것이다. 그리고 진정한 용서를 하는 사람이라면 죄책에서 온전히 놓여난 사람임이 분명할 것이다. 죄가 더 이상 투사와 지각이 되지 않아서 어떤 용서도 어렵지 않게 될 것이다.

이렇게 속죄를 자신 스스로가 먼저 받아들이지 않고서는 용서는 불가능하다(여기서 속죄란 분리가 아예 일어난 적이 없고 따라서 '죄'의 성립과 존재는 이미 형이상학적으로 불가함을 의미한다).

한 번 받아들이고 나면 즉시 자기 것이 되지만, 당연한 듯이 밖으로만 고정되어 있는 시선으로 인하여, 혹은 믿음의 문제, 자기 오만함의 문제, 죄책감의 깊은 뿌리라는 문제 등으로 인하여 그렇게도 받아들이기가 어려운 것이 속죄이긴 하다.

그렇지만 여전히 외부로만 향해 있던 **시선을 이제는 돌려서 자기 내면을 들여다보고,** 속죄를 자신이 어떻게 받아들였는지를 정직하게 성찰하고서 기필코 하느님이 주신 자신의 것으로 받아들여야만 올바른 용서가 가능해진다.

진정한 용서를 하는 사람은 이미 죄책감에서 해방된(구원을 얻은) 사람이다. 그러므로 용서가 어렵다면 무엇보다도 먼저 자신의 죄책감부터 성령께 드려서 해결해야 한다. 이것이 바로 자신이 속죄를 받아들이는 것이다. 이것 없이는 궁극적인 용서, 궁극의 치료는 불가능하다.

원수나 숙적으로 혹은 시험이나 고난으로 보이는 바깥의 형상과 상황의 모습을 '순진하게' 진짜인 듯 보지 말고(여기서 '순진하다'는 것은 속여먹기 쉽다는 뜻이다.) 용서의 전제조건인 자기 내면의 죄책감의 처리(속죄)를 위해서 이제는 내면/안을 바라보아야 할 것이란 얘기다. 이 죄책감의 처리가 바깥에 보이는 환상의 용서를 통해서만 가능한 것은 물론이다.

텍스트 29:48 너 자신의 외부에서 찾지 말라(Do not seek outside yourself).

그렇게 할 때 결국은 작고 사소한 사안부터 크고 극도로 심각한 것까지 용서가 불가능해 보이는 것들은 모두 다 똑같이 내 내면이 투사로 나타난 환상일 뿐이라는 진실이 보일 것이다(그리고 이런 진실에 노출되면 우리는 변화되기 시작한다).

다른 말로 하자면, 내 안의 생각이 외부로 투영되어 나타난 형상들일 뿐임이 드러날 것이다. 그리고 그 형상들은 내가 아주 조금의 에너지조차 쏟을 가치가 없는 가짜 형상들, 즉 우상들일 뿐임을 깨닫게 될 것이다. 이런 깨달음은 필경 아무런 예외도 남겨놓지 않는 '완전한 용서'를 가져올 것임은 두말할 필요도 없다.

워크북 332 두려움은 세상을 속박한다. 용서는 세상을 해방한다.
(Fear binds the world. Forgiveness sets it free.)

워크북 333 용서는 여기에서 갈등의 꿈을 끝낸다.
(Forgiveness ends the dream of conflict here.)

워크북 334 나는 오늘 용서가 주는 선물을 내 것이라고 주장한다.
(Today I claim the gifts forgiveness gives.)

워크북 336 용서는 나에게 마음들이 결합되어 있음을 알려 준다.

(Forgiveness lets me know that minds are joined.)

텍스트 332:1 용서가 없다면, 마음은 사슬에 묶인 채 자신의 무가치함을 믿게 된다.

자신의 무가치함을 믿는 것은 우리 모두가 처해 있는 상황을 가리킨다. 진정한 자신인 권능과 영광의 존재, 거룩한 하느님의 자녀가 아니라 온갖 한계들에 의해서 제한되고 생로병사의 순환에서 벗어나지 못하는 무력하고 암울한 운명을 가진 몸이라는 가짜 자기를 믿는 것이다.

용서는 환상을 알아보기이다. 그렇게 용서는 마음을 환상에서 벗어나게 하는 진리의 현존이 마음 안으로 들어오게 한다(텍스트 332:1).

'실재 아닌 것'은 존재하지 않음을 아는 것이 용서이므로 용서는 평화의 기초이다(서문 Herein lies the peace of God).

용서를 통해서 실재세상이 제공된다(이 실재세상을 가리기 위해 만들어진 것이 과거 텍스트 289:1).

판단이 공격을 낳듯 용서는 비전을 가져온다.

용서(구원)는 이론적인 것이 아니다(Salvation is not theoretical. 교사 지침서 26:4).
→ 형제를 만나지 않고 생각만으로 그의 동등성을 완전하게 믿기는 쉽다.

그러나 누구든지 직접 만나서 상대의 완벽한 동등성만을 보는 것은 어렵다.

초라한 옷이나 추한 얼굴 혹은 비대한 몸집이나 무식한 말 혹은 거친 태도나 그 상대로 인해 겪어야 했던 상처와 고통이, 즉 온갖 그림자들 환상들 가리개들이 그 동등성을 가릴 것이다. 반대로 너무나 뛰어난 외양이나 지식 말솜씨 재산의 규모 화려한 배경 등이 동등성의 확신을 갖지 못하게 만들 수도 있다.

이때 모든 가리개를 치우는 것이 용서이고 기적이고, 외양에 의해서 속지 않는 것이고 구원이다. 지각의 교정인 것이다.

이렇게 구원은 이론적인 것이 아니라 **구체적인 삶을 무대로** 일어난다. 역전된 사고와 기적과 용서에 대해서 들을 필요가 있는 사람들을 위해서는 **그들의 언어**가 사용되어야 하므로 구원은 이론적인 것에 그치지 않는 것이다.

---- 6 ----

속죄(Atonement)

속죄란 무엇인가?

속죄는 기적이라는 수단을 통해서 치유라는 결과를 낳는 원리이다(텍스트
2:52). 속죄란 교정, 즉 잘못의 무효화이다. 과거로부터의 전적인 벗어남, 미
래에 대한 전적인 무관심이다.

> **워크북 188:1** 깨달음이란 단지 인식일 뿐, 전혀 어떤 변화가 아니다
> (Enlightenment is but a recognition, not a change at all).

전통적인 종교적인 이론들이 그렇게 설명했듯이 '죄인이 선행과 노력 등으
로 용서받아서 지옥에 가지 않고 천국에 가는 것'이 구원이나 속죄가 아니다.
구원은 오히려 하나의 인식이다.

마찬가지로 속죄도 그 말 자체가 강력하게 암시하듯 우리가 저지른 실재
인 죄에 대해서 우리가 용서받는 것과 아무 상관이 없다. 그것은 아무런 분

리도 일어난 적이 없다는 사실을 알아차리는 것이다. 속죄와 구원을 제대로 이해하기 위해서는 역시 우리의 사고의 전복이 요구된다.

텍스트 3:18 따라서 속죄는 *완벽한 레슨*이다. 속죄는 내가 가르친 다른 모든 레슨이 참임을 최종적으로 입증한다. 이것을 믿는다면, *모든 잘못에서 해방된다.*

기적수업 교사의 유일한 책임은 속죄를 자기 스스로 받아들이는 것이다. 즉 자신의 '모든 잘못'이 교정되도록 허용하는 것이다. 스스로 완벽하게 속죄를 받아들인 자는 세상을 치유할 수 있다. 그러므로 교사의 치유실패는 스스로 속죄 받아들이기를 거절한 것이다.

속죄를 받아들이는 것은 하느님의 아들에게서 판단을 거두고 '하느님이 창조하신 대로(As God created)' 받아들이는 것이다. 즉 형제의 '완벽하게 창조됨'을 받아들이는 것이다.

속죄는 하느님의 말씀이다. 이것을 받아들이면 병은 불가능하다. 속죄는 바깥에서 찾아지는 사건이나 사실이 아니다. 무엇보다 먼저 내면에서, 마음 안에서 일어나는 것으로 마음의 한 상태이다.

속죄를 받아들이는 것이 곧 구원이고 치유이다. 속죄는 기적을 통해 치유하므로 또한 교정이다. 결국 속죄도 기적도 치유도 지각의 교정인 것이다. 여기서의 지각은 특히 분리가 일어났었다고 믿는 지각이며 그 바탕에 있는 분리의 믿음이다.

- 최후의 수업 2:39
- 치유의 원리 2:52
- 완벽한 사랑 2:85

(사랑의 부족이라는 지각의 장애에 대한 유일한 치료인 '완벽한 사랑' perfect love 2:84, 아들이 지각으로 사랑의 부재에 대해 불평하자 아버지는 사랑이 없는 게 아니라 "완벽한 사랑(속죄)이 여기 있다."라고 대답함.)

속죄는 특별성의 요구 이후 평화를 잃고 분리를 믿게 된 아들을 위한 아버지의 '완벽한 사랑'의 확인(2:85)이다. 그러므로 속죄는 "사실은 분리는 없었음을 받아들이는 것"이다.

치유와 속죄의 관계

치유와 속죄는 똑같다. 속죄가 받아지고 이어서 제공되는 것이다. 그래서 먼저 속죄를 받아들이면 치유된다. 치유를 필요로 하는 자가 '참으로 누구인지'를 교사가 인식한 결과가 치유이다.

> **텍스트 6:34** 너의 마음이 하느님을 떠난 적이 없다면, 너는 단지 그것을 있는 그대로 지각하기면 하면 돌려드리게 된다. 그렇다면 속죄를 완전히 자각하는 것은 분리는 결코 발생하지 않았음을 인식하는 것이다. 이것은 에고가 결코 발생하지 않았다는 명백한 진술이므로, 에고는 이에 맞서 이길 수 없다.

텍스트 14:38 속죄가 거룩하게 하지 않는다. 너는 거룩하게 창조되었다. 속죄는 거룩하지 않은 것을 거룩한 것으로, 네가 만든 것을 너의 정체로 가져올 뿐이다.

텍스트 18:36 속죄는 자신이 먼저 죗값을 치러야 속죄된다고 생각하는 자에게는 올 수 없으며, 오직 속죄를 위해 길을 내는 단순한 용의를 바치는 자에게 온다.

속죄에 대하여 1
- 속죄의 정의

사랑은 속죄의 원리(텍스트 2:36)이고 늘 현존하며 하느님 자신이다. 이러한 사랑이 늘 현존함을 믿지 못하고 사랑의 부재를 믿는 것이 지각이다. 지각은 그래서 사랑의 현존에 대한 우리의 자각을 막고 있는 장애물이다. 이 장애물을 없애면 비전이 생겨서 다시 제대로 보게 된다. 장애물의 주된 성격은 사랑의 현존에 대한 불신, 즉 사랑의 부재나 부족에 대한 믿음(이것은 곧 죄와 두려움의 정의이다)이다.

아버지에게 특별한 대접을 요구했던 아들(우리의 평화는 특별한 대접을 아버지에게 요구하기 전에는 깨어지지 않았다. 아래 텍스트 인용)에게 아버지는 자신이 알지 못하는 것을 요구받았기에 아무 대답을 주지 않았다. 그런 아버지의 무응답을 사랑의 부재로 해석한 아들의 마음 일부는 **분리를 믿게 되었고 결과로 죄책감과 두려움에 빠져서 잠**이 들었다.

텍스트 12:20 *아들은 아버지와 동등성을 누리기에 아버지에게 요구할 필요가 있는 아무것도 없었지만 실재가 아닌 것을 이해하지 못하는 아버지에게 '특별한 대접'을 요구한 것으로 그를 공격했다고 믿고 아버지를 두려워하게 되었다.*

이렇게 사람이 마음 안에 에고(분리되었고 혼자라고 믿게 된 마음)를 만들자 성부께서 대응책으로 마음 안에 성령을 두시고(텍스트 5:19) 성령이 속죄의 주체/주인공이 되게 하셨다.

그래서 속죄는 '최후의 수입(텍스트 2:39)'이고, '치유의 원리(텍스트 2:52)'이며, 하느님의 '완벽한 사랑(텍스트 2:85)'이다. 사랑의 부족을 확신하는 지각의 장애에 대한 유일한 치료인 것이다(텍스트 2:84). 아들이 지각으로 사랑의 부재에 대해 불평하자 아버지는 사랑이 없는 것이 아니라 "완벽한 사랑이 여기 있다."라고 대답한 것이 바로 속죄이다.

기적은 속죄라는 원리가 치유라는 결과를 가져오게 하는 수단(텍스트 2:52)이고, 속죄가 표현된 것(텍스트 2:86)이며, 사랑의 표현(텍스트 1:3, 1:9)이자, 지유이기도 하다(텍스트 1:8, 27:16).

기적은 하나도 남김없이 모든 것을 용서하는 총체적인 용서의 자연스런 표현이다(텍스트 1:21 'total forgiveness'라는 표현은 여기에 유일하게 등장한다). 기적은 또한 용서('기적들의 집'으로 묘사되는)와도 같은 것이다.

치유는 성령의 소통 형태이고(텍스트 7:41), 두려움의 부재 상태이며(텍스드 27:42), 곧 기적이다(텍스트 22:4). 속죄가 원리로 작용해서 일으키는 결과가 바로 치유이다.

치유는 지각의 교정이기도 하다. 지각의 대상들(장애물들)은 수업에서 'the unreal(실재가 아닌 것)' 혹은 환상이라고 불린다. 치유는 지각이 감각하는 이런 장애물(죄와 두려움에 대한 믿음)과 환상을 치워서 지각교정을 만들어 낸다. 이런 맥락에서 치유는 우리에게 비전을 주고, 장차 앎을 가능하게 하는 것이다.

기적수업 전체를 이해함에 있어서 사랑에서 시작되고 사랑으로 마침을 잘 이해할 필요가 있다. 특별한 대접의 요청이 거절된 것에서 시작하기는 했지만, 결국 사랑이 부족하거나 존재하지 않는다는 오해에서 모든 분리의 망상이 시작되었고, 사랑의 본질인 동등성과 일체성을 이해하지 못해서 특별함을 추구하다가 오히려 부족과 부재라는 환상을 믿게 되는 오류를 일으켰기 때문이다.

사랑(하느님)은 사랑이 부재한다고 잘못 믿는 아들에게 완벽한 사랑(속죄)으로 나타나 그의 지각을 치유하고 비전(모든 것에서 사랑의 현존을 다시 보는 것)을 주신다. 이것이 기적이다.

속죄에 대하여 2
- 속죄와 사랑, 지각, 기적, 치유의 관계에 대해서

성령께서 사랑인 속죄를 원리로 해서 기적이나 용서와 같은 수단을 사용하여 치유/비전 획득/지각교정이라는 속죄의 결과를 만들어 내신다.

학습도구(a learning aid)라고 묘사되는 용서의 훈련을 통해서 우리는 치유/지각교정이라는 결과를 성령이 만들어 내는 과정에 참여하게 된다. 사랑은 성부의 것이고, 속죄는 성령이 주관하시되, 성자가 책임지는(**텍스트 4:89**) 기적/용서는 하나의 수단이지만 우리의 참여가 허락된 부분이다. 이 기적은 용서 사슬의 한 부분이고, 이 용서의 사슬이 완성될 때 속죄가 완성된다.

우리가 참여할 수 있는 하나의 속죄 과정이라는 의미 외에 용시는 수업의 학습 목표(혹은 성령이 수업에 대해서 설정한 교수 목표)인 치유/지각교정/비전 획득/사고역전(성령의 사고 체계로의 역전)을 성취하기 위한 전제조건이라는 의미가 부여되어서는 안 된다. 근본적으로 용서는 학습 보조도구(a learning aid)이기에 사고역전/지각교정이라는 속죄의 결과이자 수업의 학습 목표가 나타나게끔 돕는 역할을 하는 것에 그쳐야지 그 결과를 낳기 위한 **전제조건이 되어서는 안 되는 것**이다.

> **텍스트 1:5** 기적은 습관으로서, 부지불식간에 일어나야 한다. 기적은 의식적인 통제 아래 있어서는 안 된다.

또한 진정한 성령의 용서는 애쓰고 노력해서 의식적으로 해내는 용서가 아니라 사랑의 표현으로 무의식적으로 비자발적으로 자동적으로 나타나야 한다는 위의 원리에 비추어 볼 때도, 사랑의 현존의 자연스러운 표현(서문에 묘사되는 수업의 목표)으로서도 **용서는 결코 그 사랑의 현존을 성취하기 위**

한 전제조건이 될 수는 없다.

오히려 용의를 가지자마자 **즉각적으로 이루어지는**('구원의 즉시성' 참조; 텍스트 26:70 구원은 즉시적이다(Salvation is immediate).) **구원/지각교정**이 자연스럽게 열매로 나타난 것이 용서라고 보아야 한다.

> **텍스트 12:67** 사랑은 시간이 아니라 환영받기를 기다리고 있다. 실재세상은 단지 항상 있던 것을 네가 환영하는 것일 뿐이다(Love waits on welcome, not on time, and the real world is but your welcome of what always was).

치유라는 결과를 이끌어 내기 위한, 속죄/사랑의 수단인 용서가 동시에 치유의 열매로 나타나는 것은 신비한 일로서 **'속죄의 즉시성'**에서 그 설명을 찾아볼 수 있다. 속죄는 에고가 마음 안에 만들어졌을 때 **이미 즉각 이루어졌기에** 단지 비실재인 우리의 지각의 내용물들을 포기하려는 용의(11:81, 18:32, 워크북 도입부의 지각의 비실재성, 세상의 비실재성을 이해하기 위한 연습들 참조)만 우리에게 있으면 성령은 지각교정/치유라는 속죄 원리의 결과를 이끌어 내신다. 실재에서는 용의가 구원이다.

> **텍스트 8:94** 용의가 구원이다(Willing is salvation).

그러므로 용서라는 학습 도구 혹은 수단을 통하고 사용해야만 속죄가 지각교정의 결과를 만들어 내는 것은 아니라고 할 수 있다.

시간 안에서의 우리의 용서는 일부 학생들이 이미 이루어진 속죄에 대해서 완전하게 이해하기 어려울 경우에 직접 자신들의 지각의 대상물이 환상이고 비실재임을 연습을 통해 보다 확신하게 됨으로써 사고역전/지각교정이라는 수업의 목표를 더 잘 이해하게 돕는 수단/학습 도구일 뿐인 것이다. 그래서 "정말로 이해하는 것은 연습할 필요가 없다."라고 예수는 밝히고 있다.

> **워크북 9:1** 네가 정말로 이해하는 것은 연습할 필요가 없다(You do
> not need to practice what you really understand).

이런 맥락에서 볼 때, 용서가 기적이라는 결과가 나오게 하는 원리인 속죄의 수단이라는 것은 우리의 수단이 아니라 성령의 수단임을 이해할 필요가 있겠다.

속죄에 대하여 3
- 너무나 험난한 길: 속죄를 받아들임 없이 천국/진리로 가기

① 구원은 죄와 죄의식(혹은 그것의 처리)에 관한 것이 아니다. 구원은 자유이다. - 워크북 197:2

우리가 우리 자신의 정체를 부정하면, 달리 말해서 자신의 신성을 부인하면 혹은 속죄를 온전히 받아들이지 않으면 죄의식에 집착할 수밖에 없어진다.

자신의 생각으로는 죄는 극복할 수 없는 것이기에 죄책감에 집착하면서 구원을 얻으리고, 죄의식을 조금이라도 덜어내려고 안간힘을 나해 처절하게 애쓰는 것이 인생을 통틀어 일어나는 거의 모든 삶의 이야기들의 바탕이 되어 버린다.

이것이 세상이라는 감옥 속에서 머무르는 것의 의미이다. 누구를 만나든, 무엇을 하든, 무슨 생각을 하던 죄책감 언저리에서 머무르게 되는 것이다.

> **텍스트 5:72** 죄책감들로 인해서 시간이 보존된다(Guilt feelings are the preservers of time).

우리가 시간 안에 사는 한, 우리가 몸을 가진 한 죄책감에서 벗어나지 못함은 명백해 보인다. 이것은 또 우리가 구원과 죄의식을 하나로 보는 것의 의미이다.

자신이 누구인지를 잊었기에, 속죄를 모르기에, 구원은 오직 죄의식에 관한 것이라고 여긴다. 인류의 긴 역사 속 모든 지성적, 감성적 활동의 정수라고 할 수 있는 대부분의 종교들조차 아주 드문 예외만 남긴 채 어김없이 구원과 죄의식이 하나라고, 구원은 죄의식의 문제라고 가르쳐 온 것은 매우 유감스럽게도 우리에게 죄의식/죄라는 문제가 얼마나 심각하게 뿌리내리고 있을지를 가늠할 수 있게 해 준다.

그러나 진실을 말하자면, 구원은 자유이고 구원은 하느님이다.

그래서 죄의식과 구원을 하나로 보지 않고 구원과는 오히려 자유가 결합되어 있다고 지각하여, (결합된 자유와 구원을) 추구하고, 내 것으로 요구하고, 마침내 찾아내고, 구원과 자유의 결합을 완전히 인식해야만 환상의 감옥을 떠나고 자신의 본연의 '힘'을 자신의 것으로 주장할 수 있을 것이다.

> **워크북 197:2** 네가 "죄의식과 구원을 하나로 보지 않고, 자유와 구원
> 이 그 곁의 힘과 함께 결합되어 있다고
>
> 1) 지각하여(perceive)
> 2) 추구하고(sought)
> 3) 주장하고(claimed)
>   즉, '내 것이니 달라고 요구' 혹은 청구하고
>   → '주장하고'를 '내 것이니 내놓으라고 요구하고'로 이해할 것
> 4) 찾고(found)
> 5) 완전히 인식하기(fully recognized) 전에는,
>
> 너는 감옥을 떠나지도 않고 자신의 힘을 주장하지도 않을 것이다."

'자유와 결합된 구원'에 대한 바른 인식의 난계들에 대해서 흥미로운 설명이 나온다. 구원에 대한 올바르고 완전한 인식이 5단계에 걸쳐서 일어남을 짐작할 수 있다.

1) 지각(물론 엉터리이자 환상인)에서 시작되지만
(그리고 우리에게는 우여곡절 끝의 사건으로 인식되지만 실은 예수의 초대에 따라 정확한 때 일어난 사건인) '진리의 한 조각(구원은 자유와

결합되어 있음)을 지각'하여서(perceive)

2) 더 추구하고(seek)

3) (마침내) 내 것으로 요구하고(claim)

4) 찾아내고

(find 즉 항상 나의 것이었던 진리를 찾아낸다는 의미)

5) 그런 다음 완전히 인식(full recognition)하는 단계의 설명이다.

무엇인가를 내 것으로 요구(claim)한다는 것은 명백히 자신의 소유인 것을 현재의 보관인 등에게 내가 보고 다시 취할 수 있게끔 제시하라고 요구하는 것이다. 이제 다시 자신이 가져갈 터이니 '나의 것을 내놓으라고 청구'하는 것이다.

잠시 그것을 가지고 있던 자는 보관하고 있었을 뿐이며 틀림없이 그 청구자/요구하는 자에게 돌려주어야만 함을 의미한다.

(이 지점에서 늘 그렇듯 영악한 에고가 "돌려는 줄 터이니 밀린 보관료를 달라."고 주장할 때 속지 말아야 한다. 우리의 '습'으로 인해 혹은 무엇인가 조금이라도 지불해야만 원래 우리 것이었던 것을 돌려받을 수 있을 거라는 매우 상식적인 생각을 가짐으로써 오히려 속는 것이다. 오랜 시간 우리가 만들어 온 '습'조차 환상이기에 우리의 바른 생각 한 번에 사라짐을 이해하자.)

그러므로 위 3)에서 'claim' 하는 것은 '자유와 구원'이 자신의 소유였다는 사실을 최소한 알고는 있음을 전제로 한다. 이는 속죄를 받아들이기로 선택하였음을 의미하고, 하느님이 창조하신 그대로인 자신의 정체/신성을 받아들이고자 결정하였음을 암시한다.

4)에서 '찾아내는 것'은 '구원과 결합된 자유'라는 진리를, 이미 자신에게 제시된 그 진리를 선택과 결정 후에 최종적으로 발견하는 것 혹은 전적으로 수용하는 것으로 이해할 수 있다.

아마도 이 지점으로부터 아래 5)의 '완전히 인식하는 것' 사이가 우리가 속죄를 완전히 받아들이는 지점이라고 추측해볼 수 있을 것이다.

그러면 진리와 완전히 하나가 되는 것이라고 부를 수 있을 5)의 '완전히 인식하는 것'은 진리를 찾은 후 단지 한순간만 소요되는 일일 것이다(물론 늘 그렇듯 실재의 이 '순간'이 '시간 속에서' 얼마나 길게 펼쳐질지는 각자에게 달린 일이겠지만…).

이 지점 너머에서는 단지 '우리의 힘'에 대한 요구만 있을 뿐이다. 모든 환상이 용서된 이후이므로 유일한 진실인 '우리의 힘'만 존재하는 것이다. 이 지점 너머는 또한 우리가 드디어 세상이라는 감옥을 떠난 때이다.

감옥이라는 것의 목적 자체가 동료 죄수들을 보며 죄에 대한 생각과 죄책감에서 빠져나오지 못하게 하는 것이고 감옥의 단단한 쇠창살과 높은 외벽과 항상 감시하고 억압하는 간수를 통해서 우리를 무력감 속에 빠져있도록 하는 것이다. 이런 감옥을 드디어 떠나서 다른 어떤 제약도 한계도 없이 단지 우리의 '힘'만 존재하는 상태라면 실로 '구원과 죄의식'이 하나로 보일 여지는 없지 않은가? 과연 구원은 자유와 결합된 것임이, 구원은 곧 자유인 것이 자명하지 않은가?

> 워크북 197:2 자신의 생각이 무엇을 할 수 있는지 모르는 자들은 얼
> 마나 쉽게 하느님과 죄의식을 혼동하는지! 네가 너의 힘을 부정한다
> 면, 약함이 너의 구원이 될 수밖에 없다. 네가 자신을 묶여 있다고 본
> 다면, 빗장이 너의 집이 될 것이다. 네가 죄의식과 구원을 하나로 보
> 지 않고, 자유와 구원이 그 곁의 힘과 함께 결합되어 있다고 지각하
> 여 추구하고 주장하고 찾고 완전히 인식하기 전에는, *너는 감옥을*
> *떠나지도 않고 자신의 힘을 주장하지도 않을 것이다.*

② 진리의 수용과정에서 교사의 의미

아마도 추구하기(seek)로 시작해서 완전한 인식을 하게 되는 것이 5단계
의 마지막인 최종적인 진리수용으로 보인다.

신약성서의 로마서 10:13-15에서 "듣지도 못하는 이를 어찌 믿겠느냐? 전
파하는 이가 없이 어찌 듣겠느냐? 듣지 못하니 어찌 구원을 얻겠느냐?"라며
전하는 자로부터 듣고 배우는 것(그리고 전하는 자)의 중요성을 말하듯 추
구로부터 시작해 클레임으로, 더 나아가서 '유와 구원의 결합'에 대한 발견과
완전한 인식으로 발전하려면 자유는 무엇이고 구원은 어떤 의미인지 그리고
자유와 구원의 힘 있는 결합은 어떻게 가능한지 등에 대해서 일단은 듣고 배
워야 가능할 것이다.

바로 여기에 수업 교사의 의미들 중의 하나가 있다고 할 수 있겠다.

③ 진리의 수용과정이 5단계로 묘사되는 또 다른 예 - 워크북 284:1

Such is the truth - 진리란 그런 것이다.

1) at first to be but said

    처음에는 진리에 대해서 말하기만 하다가

2) and then repeated many times

    여러 번 되풀이해서 진리에 대해 말하다가

3) and next to be accepted as but partly true with many reservations

    못 받아들이는 것도 많지만 그래도 일부는 진리인 것으로 받아들이다가

4) Then to be considered seriously more and more

    점점 더 진지하게 진리를 숙고하다가

5) and finally accepted as the truth

    마침내 전적으로 진리를 수용하기

우리가 진리를 추구한다고 하면서 어떤 양상을 스스로 보이고 있는지에 대해 몇 가지 흥미로운 점들이 지적된다.

과연 우리는 진리에 대해서 '말만 하는지' 아니면 그 말이라도 '자주 되풀이해서 하는지' 혹은 약간 더 나아가서 진리에 대해서 '전부는 아니지만, 최소한 일부는 진리로 받아들이는지' 또는 '점점 더 진리에 대해서 심각하게 사유하고 성찰하고' 있는지를 돌아보게 해 준다.

결국 우리가 진리를 최종적으로 받아들이는 것은 말만 하는 단계를 넘어서, 자주 되풀이해서 말하는 단계도 역시 넘어서, 심지어 많은 유보조항들을

남겨둔 채로 부분적으로만 진리를 받아들이는 정도조차 넘어서, 점점 너 진리에 대해서 진지하고 심각하게 사유하고, 묵상하게 되는(이 과정은 응당 모든 것의 시작인 자신의 내면에 대한 깊은 성찰을 동반할 것이다.) 수준마저도 넘었을 때임을 알 수 있다.

이때는 우리가 진리를 사랑하게 되어 진리를 전적으로 그리고 최종적으로 받아들이게 되는 때이다. 이때는 우리가 다시 진리이고 사랑이 되는 때일 것이다.

그때 우리는 마침내 세상의 환상이라는 '감옥'을 떠나서 유일한 실재인 '힘'을 우리 것으로 요구할 것이다(워크북 197:2). 이미 모든 환상(죄, 죄의식, 몸이라는 믿음, 고통, 고난, 물질, 애증, 집착, 중력, 시공간, 판단, 공격, 복수, 비교 등으로 상징되는)의 감옥을 떠난 우리에게 구원은 더 이상 죄의식과 연관된 것일 이유가 없다.

실로 구원은 자유인 것이다.

7

치유(healing)

치유란 무엇인가?

치유는 속죄라는 원리가 기적이라는 수단을 통해서 가져오는 결과이다(텍스트 2:52). 기적을 일어나게 하는 용서와 기적이 곧 치유라고 할 수 있다. 치유는 단지 아픈 자의 목표이기만 한 것이 아니라 우리가 잠에서 깨어나기 위해 필요한 지각의 교정이고, 두려움에서의 해방이며, 일체성을 위해서 결합하기이다. 그러므로 진정한 치유는 단지 병자에게만이 아니라 분리의 꿈을 꾸고 있는 우리 모두에게 필요한 것이다.

> **텍스트 5:11** 그전에는(분리 전에는) 치유의 필요성이 전혀 없었으며
> 그 누구도 위로 없이 있지 않았다.

단순히 아픈 몸이 나아지고 병이 고쳐지는 것뿐이라면 기적수업의 치유가 아니다. 상처가 아무는 것이나 질병에서의 회복보다는 오히려 우리의 지각이 교정되는 것이 치유의 정의에서 더 중요한 것이고 또 기적수업의 치유 개

넘에 엄밀하게 부합한다고 할 수 있다. 치유의 징의에 대해서도 기적수입은 우리의 사고의 역전을 요구한다.

> **텍스트 7:36** 치유는 차이에 대한 믿음을 없애는 방법이다(Healing is the way to undo the belief in differences).

우리가 형상의 차원에서 지각하는 차이는 실재에서는 존재하지 않는 환상이다. 치유는 이런 차이에 대한 믿음을 해제하는 방법이다. 달리 말해서 치유는 차이의 최종적인 부정과 동등성의 궁극적인 수용에 관한 것이다.

차이가 없기에 용서와 기적들에는 어려움의 정도가 없다. 그렇기에 용서와 비전은 온갖 외형상의 차이를 보지 않고, 넘겨 보게 하는 것이다. 완벽한 동등성만 남으면 지각이 근거로 삼아서 인지할 토대가 사라지기에 지각의 작용과 판단은 멈추게 된다.

> **텍스트 2:52** 속죄(구원)의 원리가 용서와 기적을 수단으로 해서 치유와 지각교정(그리고 교정된 지각인 비전)이라는 결과를 낳는다 (속죄, 용서, 기적, 치유, 비전의 관계).

치유는 교정된 지각, 마음들의 결합, 그리고 두려움에서의 해방으로 정의된다.

> **텍스트 5:5** 치유는 두 마음이 자신의 하나인 상태를 지각하고 기뻐하게 되는 생각의 작용이다.

기적의 일꾼이 병으로 고통받는 형제에게서 완벽한 동등성을 볼 때, 즉 두 마음이 차이를 믿지 않고 결합할 때 치유의 기적이 일어나는 이유이다. 그리고 두려움이 있다면 치유를 이해하지 못한다.

텍스트 27:42 치유를 막는 것은 두려움
치유를 위해서 요구되는 유일한 것은 두려움의 결여이다.

텍스트 27:16 진정한 용서라면 치유를 일으킨다.
네 형제는 물론 너 자신에게도 치유를 안겨 주지 않는 한, 용서는 진짜가 아니다. 치유의 기적은 분리가 어떤 결과도 낳지 않았음을 증명한다.

치유라는 기적은 분리가 효력이 없음을 증명해 준다.

27:19 치유와 특별함의 관계
치유는 특별함을 전혀 보지 않는다(Healing sees no specialness at all).

19:10 치유와 신잉의 관계
믿는 것은 곧 치유하는 것이다. 그것은 너 스스로 속죄를 받아들였으며, 따라서 속죄를 공유하려 한다는 표시이다. 너는 믿음을 통해, 과거로부터의 해방이라는 선물을 형제에게 준다. 그것은 곧 네가 받은 선물이다.

텍스트 9:99를 비교해 보라.

Healing is the acknowledgement of God of love(치유는 하느님에 대한 인정; 믿음이다).

텍스트 13:11 모든 치유는 과거로부터의 해방이다(therapy는 healing으로 표현되기도 하는 개념이다).

그러므로 치유의 정의는 1) 교정된 지각, 2) 결합, 3) 분리가 근본 원인인 두려움으로부터 벗어남, 그리고 4) 과거로부터 벗어남이라고 할 수 있다. 그래서 자신이 치유되었는가라는 질문은 다음의 질문들을 포함한다.

1) 지각이 교정되었는가?
   자신이 몸이 아니라 영임을 아는가? 세상을 위시해서 지각하는 모든 것이 자신이 만든 환상임을 아는가?

2) 형제의 마음과 결합되었는가?
   그래서 완벽한 일체성을 보는가?

3) 더 이상 두렵지 않은가?
   죄책감에서 온전히 벗어났는가?

4) 더 이상은 과거에 잡혀 있지 않은가?

   텍스트 24:52 세상이 있는 목적: 성령이 세상 안에서 보는 유일한 목적이자 성령의 유일한 목적인 치유하느님 아들의 치유가 온 세상이 가진 유일한 목적임을 잊지 말라. 그것은 성령이 세상에서 보는 유일한 목적이며, 따라서 세상이 가진 유일한 목적이다. 모든 형상들, 시간, 세상으로부터 네가 소망하는 유일한 것이 아들의 치유가 되어야만 너는 아버지와 너 자신을 알게 될 것이다(치유 이외에 다른 어떤 세상의 것이라도 소망된다면 아버지나 너 자신을 알 수 없을 것이다).

치유는 모든 환상들을 용서하고 모든 꿈들을 포기하는 것처럼 또 속죄를 받아들이는 것처럼 천국과 하느님께로 돌아가는 마지막 문이라고 이해할 수 있다. '다른 어떤 세상의 것'도 소망하지 않을 때 우리 자신이나 하느님을 알 수 있다는 것은 우리가 가진 깨어나려는 용의의 온전함/순전성이 얼마나 중요한지를 짐작하게 한다.

텍스트 30:92 치유를 위해 필요한 믿음의 온전성(wholeness)
변화의 가망이 없는 겉모습이 있어야 한다는 너의 믿음의 대가로, 기적이 너로부터 일관되게 나올 수 없게 되었다. 그렇게 믿음으로써 너는 모든 꿈을 치유할 힘을 기적에서 거두어 달라고 요청한 것이기 때문이다. 네가 치유를 열망할 때 갖지 못할 기적은 없다. 그러나 네가 원치 않는 한 너에게 주어질 수 있는 기적이란 없다.

치유와 기적의 관계가 설명된다. 치유의 희망에 대해서 아무 예외를 두지 않는 온전한 믿음이라야 지속적으로 기적이 일어난다(비교—텍스트 19:10 믿음을 가지는 것이 치유하는 것이다. 텍스트 9:9 치유는 하느님에 대한 인정, 즉 믿음이다).

워크북 135:13 치유된 마음은 계획을 짜야 한다는 믿음에서 해방된다.

워크북 135:16 스스로 계획하기에 바쁜 마음은 미래에 일어날 일에 대한 통제권을 확보하는 데 사로잡혀 있다. 그 마음은 스스로 준비 하지 않는 한 통제권이 주어지지 않을 것이라고 생각한다.

치유되지 않고 계획하는 마음의 문제는 그 마음은 미래의 사건들을 통제 하려 한다는 것이다. 이것은 믿음의 결여와 하느님에 대한 신뢰의 결여를 보 여 준다.

교사 지침서 5:2 *질병으로 인한 몸의 치유가 일어나는 때*
치유는 고통을 겪는 자가 더 이상 고통에서 아무런 가치도 보지 않 을 때 일어난다.

고통은 겪는 자가 그것을 원하기 때문에 일어난다. 그래서 그 고통의 가치 를 더 이상 보지 않으면(자신이 몸이라는 믿음을 간직하지 않음으로써 더 이 상 고통을 실재로 여기지 않고 그 너머를 보면) 고통은 끝난다. 즉 치유가 일 어난다.

병은 자신을 몸으로 보는 것만이 아니라 형제의 정체를 몸으로 보는 것, 즉, 형제에 대한 판단과도 연관이 있다. 모든 치료가 심리치료이듯 모든 병 은 마음의 병이다. 그것(병)은 신의 아들에 대한 판단이며, 판단은 마음의 활 동이다.

텍스트 20:62 만약 몸을 본다면 너는 비전이 아니라 판단을 선택한 것이다(If you see the body, you have chosen judgment and not vision).

형제의 몸을 본다면 이미 판단한 것이다. 그러나 판단은 몸에 관한 것이 아니라 마음에 관한 것이다. 몸을 본다면 즉 판단했다면/한다면 이미 마음에서 아들의 죄를 본 것이기에 병은 피할 수 없다. 자신을 몸으로 보거나 형제를 몸으로 보거나 마찬가지이다.

형제의 죄책을 보는 판단은 마음의 활동이지만 병이라는 형태로 몸에 그 결과가 나타난다. 판단함으로써 병을 요청하는 것이기에 우리의 요청이 늘 그러하듯 반드시 병을 받게 된다.

이제는 치유의 가능성을 찾아보자.

이런 상황에서 병과 몸의 고통을 극복하는 치유로 가는 방법은 아래와 같은 믿음의 선언과 선택이다:

워크북 136:17 질병은 진리에 대한 방어이다. 나는 내가 누구인지에 대한 진리를 받아들일 것이다. 그리고 오늘 내 마음이 전적으로 치유되도록 허용하겠다.

치유되는 것은 마음이다. 몸은 중립이기에 마음이 변화되어 치유되면 병은 사라진다(교사 지침서 6. 치유는 마음의 변화이다). 과연 치유의 첫걸음은 몸이 아니라 마음으로 주의를 돌리기 시작하는 것이다.

> **워크북 136:19** 이제 병의 근원이 열려서 치료법을 받아들였기에, 몸
> 이 치유된다.

질병의 원천은 나는 몸이라는 믿음(자신의 정체 잊어버리기)이다. 이 원천
이 제거되어 사라진다면, 즉 자신이 정말로 누구인지를 기억해 낸다면 몸에
스스로 준 한계들은 사라진다. 즉, 치유된다.

일단 치유가 일어난 후에라도 마음이 자신이 누구인지를 잊고 다시 자신
을 몸과 동일시하면 몸은 다시 공격받는다. 이 몸에 대한 공격은 잘못된 동
일시를 한 마음이 아프기 때문에 일어난다. 결국, 마음이 판단, 공격생각 품
기, 자신을 몸과 동일시할 때, 즉 마음이 주체가 되어 아프게 될 때 몸은 다시
아파진다.

> **워크북 136:21** 나는 내가 정말로 누구인지를 잊어버렸다. 왜냐하면
> 내 자신을 몸인 것으로 잘못 보았기 때문이다(나의 참된 정체를 잊
> 고서…).

그러나 치유책은 있다. 바로 아래의 진리를 자신에게 말해 주는 것이다.

> **워크북 136:22** 질병은 '나는 몸이 아니라 자유롭다는 진리'에 대한
> 방어이고, 나의 마음은 공격할 수가 없기에(즉 질병과 같은 방어를
> 차용할 수가 없기에) 결국 나는 아플 수가 없다.

치유와 속죄의 관계

치유와 속죄는 똑같다. 속죄가 받아지고 이어서 제공되는 것이다. 그래서 먼저 속죄를 받아들이면 치유된다. 치유를 필요로 하는 자가 '참으로 누구인지'를 교사가 인식한 결과가 치유이다(우리의 참된 정체성 문제).

8

사랑(love)

사랑이란 무엇인가?

1) 속죄의 원리 (텍스트 2:36)이다

속죄 원리는 속죄 자체가 시작되기 훨씬 전부터 효력을 발하고 있었다. 그 원리는 사랑이었으며, 속죄 자체는 사랑의 행위였다.

2) 사랑의 특징은 늘 현존함이다

그러나 사랑이 늘 현존함을 믿지 못하고 사랑의 부재를 믿는 것이 우리의 지각이다.

그러므로 지각은 **사랑의 현존에 대한 자각을 막고 있는 장애물**이다. 이 장애물을 없애면 비전이 생겨 다시 보게 된다. 장애물의 주된 성격은 사랑의 현존에 대한 불신, 즉 사랑의 부재 내지 부족에 대한 믿음(이 믿음이 죄와 두려움의 정의임을 기억하자)이다.

아들:　　나는 특별해요. 특별하게 대해 주세요("I want special favor." 텍
　　　　스트 12:20).

아버지: 무응답(아버지는 실재가 아닌 **'특별한 총애'에 대한 앎**이 **없어서**
　　　　대답할 수 없다).

아들:　　사랑이 없어(난 분리되었어! 이 죄책감을 어떡해! 두려워!)!

→ 이 상황에서 창조주가 아버지의 대답으로 제시한 '완벽한 사랑'이 바로
속죄이다.

3) 사랑의 의미를 가리기 위해서 생겨난 것이 세상의 법칙들과 세상이 믿는 것이다

**이것들 ── 죄와 희생과 결핍과 두려움과 공격과 판단 등등 ── 은 환상이므로
곧 환상이 사랑을 가리고 있는 것이다(워크북 127:5 세상은 사랑을 가리고
있다).**

4) 사랑은 배울 수 있는 것이 아니다

텍스트 서론 2. 이 수업은 사랑의 의미를 가르치는 것을 목표로 삼지 않는
다. 그것은 가르칠 수 있는 것이 아니기 때문이다. 하지만 이 수업은, 사랑의
현존을 자각하지 못하게 가로막는 장애물을 제거하는 것을 목표로 삼는다.
사랑이야말로 네가 타고난 유산이다. 사랑의 반대는 두려움이지만, 모든 것

을 포괄하는 것에는 반대가 있을 수 없다.

그러므로 단지 사랑의 현존을 자각하지 못하게 하는 장애물들을 제거하는 것이 수업의 목표이다. 이런 장애물들이 근본적으로 사랑에 의해 비롯된 용서를 통해서 사라질 때 하느님의 평화를 누릴 수 있음은 물론이다(**워크북 352:1 이곳에서 용서에 반영되어 있는 사랑은, 당신의 평화를 되찾을 길을 당신이 제게 주셨음을 일깨워 줍니다**).

기적수업이 강조하는 것은 결국 용서를 통해 기적을 베푸는 것인데 그것은 바로 사랑이다. 마치 어느 유행가 가사에서 노래 되었듯이 언제나 변함없고, 여건이 아무리 바뀌더라도 항상 우리에게 머무는 하느님의 사랑인 것이다.

"Sunshine is gonna come and go; but love is here to stay(햇빛은 왔다가 가지만 사랑은 늘 여기 머무르지요)."

5) 우리가 흔히 생각하는 사랑은 '거룩하지 않은 관계(unholy relationship)'로서 수업에서 말하는 사랑이 아니다. 사랑은 '거룩한 관계'에 묘사되어 있는 것이다

텍스트 22장 서론 2.
거룩하지 않은 관계는 다른 점에 기반을 두며, 그 관계에서 각자는 자신이 갖지 않은 것을 상대방이 가졌다고 생각한다. 그들은 함께 모이지만, 각자 자신을 완성시키고 상대방에게서 빼앗으려고 모인다. 그들은 훔칠 것이 아무것도 남아 있지 않다고 생각할 때까지 머무르다가 다른 곳으로 간다.

텍스트 22장 서론 3.
두 사람은 각자 내면으로 눈을 돌렸지만 어떤 결핍도 보지 않았다.
각자는 자신의 완성을 받아들였기에, 자신처럼 온전한 다른 이와 결
합하여 그것을 확장하려 한다. 그들은 이러한 자아들 사이에서 다
른 점을 전혀 보지 못한다. 다른 점이란 그저 몸의 것이기 때문이다.
따라서 그들은 다른 이로부터 빼앗고 싶어 하는 것은 아무것도 보지
않는다.

모든 것을 포괄하는 사랑은 반대(상대)가 없다.

상대가 없는 것은 대상과 주체로 나누어지지 않는 것이다. 예를 들자면,
진리와 사랑이 모든 것을 포괄하므로 그런 것이라 하겠다. 진리와 사랑에 미
치지 못하는 것은 상대적인 것으로서 그것에 대응하는 반대가 있다.

달리 말해서, 상대성이라는 것의 뜻은 반대가 있다는 것이다. 그러므로 상
대성에서 벗어나서 반대되는 것이 없는 것은 절대적인 것이라 부를 수 있다.
진리도 사랑도 하느님도 실재도 절대적인 이유이다.

진리, 사랑, 하느님, 실재는 아무런 반대되는 것 없이(그것과 분리 가능한,
어떤 상대할 대상도 없이) 모든 것을 포괄하여 하나인 것이다.

(그래서 사랑이 아닌 것은 아무것도 아닌 것이고, 그런 것은 존재하지 않

는다. 약간의 사랑이나 반쪽짜리 사랑은 반쯤만 임신한 여자가 존재하지 않듯 실재가 아니어서 아예 존재/실재하지를 않는 것이다.)

사랑이나 진리처럼 절대적인 것은 반대가 없기에 그 자신과 대상으로 나누어지지 않는다. 사랑(실재)이 분리된다거나 진리가 타협되거나 희석되는 것은 애초에 성립 자체가 불가능한 개념인 것이다(유사한 논리로 반쯤 죽었다는 것은 비유적인 표현일 뿐 죽은 것이 아니라 살아 있다는 뜻이다!).

반면에 나에게 반대되는 것, 즉 대상이 존재하는 경우라면 그 대상 자체가 '나'라고 하는 느낌을 만들어 내고 나의 생각을 사적인 것으로 만들 것이다. 내가 누군가 대상을 사랑하는 느낌이 든다면 완전한 사랑인 거룩한 사랑이 아니라 '특별한 사랑'일 것이라고 믿어도 될 이유가 여기에 있다.

같은 이유로 내가 누군가 혹은 무엇인가를 용서한다는 생각으로 그리한다면 여전히 에고의 용서를 하고 있는 것이라 믿어도 좋을 것이다. 나에게(반대되는) 대상이 있다는 생각을 가지고서는 진정한 용서나 진정한 사랑은 불가능하기 때문이다.

① 텍스트 서문 What is all-encompassing can have no opposite(모든 것을 포함하는 것은 반대를 가질 수 없다).

② 텍스트 31:68 Truth, which has no opposite and cannot change…(진리는 반대가 없고 변할 수 없다…).

③ 워크북 99:14 Let Him teach you what you need to learn to lay all fear aside and know your Self as Love Which has no opposite in you(모든 두려

움을 치워 두기 위해서 배울 필요가 있는 것을 그가 너에게 가르치게 하고, 너 안에 반대되는 것을 가지지 않은 사랑인 진정한 네 자신을 알라).

누군가를 반대하는 마음으로 생각한 적이 있는가? 누군가를 자신의 상대로 여긴 적이 있는가?

특별한 사랑이 아닌, 진정한 사랑은 아무런 반대가 없다 (서문 Love has no opposite).

이 말은 모든 것이자 모든 것을 포괄하는 실재에는 양극으로 나타나는 이원성이 있을 이유가 없다는 것이다. 이원성이란 이것이 있기에 저것이 있는 연기를 가리키는데, 그 이원성은 자성이 없이 공한 것의 증거인 반면 실재란 온전하고 일체이기 때문이다(wholeness and oneness).

누군가가 자신의 상대로 여겨지고 반대하는 마음이 든다면 그를 진정으로 사랑하는 것이 아닐 것이다. 참된 사랑이라면 이원적이지 않기에 아무것도 반대할 이유가 없다.

환상이 극복되는 메커니즘도 이와 다르지 않다.

텍스트 22:45 어떻게 환상들을 극복하는가? 힘이나 분노로는 확실히 아니고 환상들을 어떤 식으로건 '반대함'에 의해서도 아니다.

오직 연기로 인해 생긴 것, 즉 실재하지 않는 것만 반대를 가진다. 사랑, 실

재, 생명, 우리의 진정한 자아, 신리는 반대를 가지지 않는다. 어떤 것의 반대
극으로 생긴 것이 아니고, 달리 말해서 '이것'으로 인해서 연기되어 생겨난
'저것'이 아니고(그래서 '자성'이 없이 '공'한 것이 아니고) 존재하는 유일한 것
이자 참으로 존재하는 것이기 때문이다.

성령(the Holy Spirit)

성령은 누구인가?

1) 사람이 마음 안에 에고를 만들자 성부께서 대응책으로 마음 안에 두신 성령

성령을 혹은 성령이 하는 일을 묘사하자면 우리의 잘못 안에서조차 우리를 보호하기 위한 하느님의 즉각적이고 동시적인 대비책이라고 할 수 있다.

> **텍스트 5:11** 성령은 분리와 함께 보호 수단으로서 생겨났으며, 그와 동시에 속죄가 시작되도록 고무하였다. 그전에는 치유의 필요성이 전혀 없었으며, 그 누구도 위로 없이 있지 않았다.

또한 우리의 '죄'가 아니라 '잘못'에 대한 해결책(5:19)이다. 성령의 기능(15:84)은 천국과 세상을 중재하고 실재와 환상 사이의 다리가 되는 것이다.

> **텍스트 5:19** 속죄와 분리는 동시에 시작되었다. 사람이 에고를 만들

있을 때, 하느님은 사람의 마음에 기쁨으로의 부름을 놓아두셨다. 그 부름은 너무도 강력해서, 에고는 그 소리 앞에서 어김없이 사라진다. 바로 이런 이유로 너는 내면의 두 음성 가운데 어느 음성에 귀 기울일지, 선택할 수 있게 되었다. 하나는 너 자신이 만든 것으로서, 하느님에게서 나온 것이 아니다. 그러나 다른 하나는 하느님이 너에게 주신 것이며, 하느님은 오로지 이 음성에만 귀 기울이라고 청하신다. *성령은 아주 문자 그대로의 의미로 너의 내면에 있다. 성령은 네가 전에 있었고 앞으로 다시 있을 곳으로 돌아오라고 부르는 음성이다.*

텍스트 15:84 하느님이 아실 수 없는 것과 네가 이해할 수 없는 것을 오로지 성령만이 알아차린다. 그 둘을 모두 받아들여 적합하지 않은 요소를 전부 제거하여 하나로 결합하는 것이 성령의 거룩한 기능이다.

실재가 아닌 것은 앎의 대상이 아니기에 하느님은 환상을 알 수 없으시다. 반면에 우리는 지각의 제한으로 지금으로서는 실재나 천국을 이해할 수가 없다. 그래서 하느님이 '아시지 못하는 것'과 우리가 '이해 못 하는 것' 모두를 수용하고 차이 나는 요소를 제거해서 *하나로 결합하는 것*이 성령의 기능이다. 천국과 세상의 중재자이자 실재와 환상 사이의 다리인 것이다.

2) 성령은 우리의 보호자이자 잘못의 교정자, 속죄의 주체이자 가능성

텍스트 25:26 세상을 만든 다른 제작자, 하느님의 법칙 안에 있게 해

줄 연결고리 없이도 어떤 법칙이 제정되고 유지될 수 있다는 미친 *믿음을 동시에 교정하는 교정자*가 있다. 단, 여기서 말하는 하느님의 법칙은 하느님이 창조하신 대로의 우주를 떠받치는 법칙 자체가 아니라, 아들이 자신에게 있다고 생각하는 필요에 맞춰 적응된 형식을 취한 것이다. 잘못은 교정되면 사라진다. 이와 같이 하느님은 심지어 잘못 안에서조차 아들을 내내 보호하셨다.

성령이 존재함으로 인해서 세상은 단지 환상이기만 한 것은 아니다. 하지만 우리가 지각하는 세상은 완전히 환상이다. 그러므로 이 구절에 나타나는, 성령이 개입한 우리의 세상(여전히 '하느님의 법칙들 안에 있게 하는 어떤 연결'을 유지하고 있는 세상)은 성령이 우리의 미친 믿음을 제거하고 난 후의 '실재세상'을 가리킨다고 볼 수 있다.

3) 성령은 우리의 용의와 선택을 완성시킨다(우리의 작은 용의→성령의 용의가 완벽하므로 충분)

4) 성령은 모든 마음에게 그들의 정체에 대해, 그 진리에 대해 자유로이 가르치는 존재이다(교사 지침서 18:2)

5) 성령은 하느님이 배우려는 자들을 위해서 보내신 교사이다(God's Teacher speaks to any two who join together for learning purposes. 교사 지침서 2:5)

6) 치유는 환자의 마음에 있는 성령이 환자를 위해 구하는 마음의 변화다. '환자의 마음에 있는 성령'에게 선물을 주는 이는 바로 '주는 자의 마음에 있는 성령'이

다(교사 지침서 6:4)

7) 성령이 세상에 내리는 판결이 정의이다. 성령의 판단이 아니라면 정의는 불가능하니, 이 세상 그 누구도 오로지 정의로운 해석만 하고 모든 불의는 제쳐 둘 수 없기 때문이다(교사 지침서 19:1)

8) 마법을 위해 사용되는 것은 성령께 쓸모가 없고, 성령이 사용하는 것은 마법을 위해 사용될 수 없다(교사 지침서 25:4)

9) 세상의 목적에 대한 성령의 해석을 받아들이는 것이 부활이다(교사 지침서 28:1)

10) 판단이 자신의 기능인 성령에게 우리의 판단을 포기하고 드린다(교사 지침서 28:6)

11) 교사 지침서 29장

　2 물어라, 그러면 성령이 답할 것이다. 책임은 성령께 있고, 성령만이 책임을 맡기에 합당하다. 그렇게 하는 것이 성령의 기능이고, 질문을 성령께 맡기는 것이 너의 기능이다.

　3 결정을 점점 더 자주 성령께 맡기는 데는 또 하나의 이점이 있는데, 이것은 아주 중요한 점이다 - 성령의 안내를 따르는 것은 너 자신이 죄책감에서 벗어나게 하는 것이다.

→ 판단, 가르침, 세상을 완전한 곳으로 만들려는 시도, 속죄의 노력, 결정을 혼자서 하려는 시도, 혼자서 완벽한 용의를 내려는 노력 등이 성령께 돌려드려야 할 기능들의 예들일 것이다. 바로 이것이야말로 사랑에 대한 기억이 네게 돌아오게 해 주는 것이다.

4 하느님이 창조하신 대로의 너에게는 모든 권능이 있다. 네가 너를 가지고 지어낸 이미지는 아무런 권능도 없다. 성령은 너에 대한 진리를 안다. 네가 만든 이미지는 그렇지 않다.

5 너를 대신해 결정해 달라고 성령께 청하는 것은 그저 너의 진정한 유산을 받아들이는 것에 지나지 않는다. **때와 장소가 허락할 때마다 도움을 청하는 습관을 들여놓는다면, 필요할 때 지혜가 주어질 것임을 확신해도 좋다.** 할 수 있을 때마다 하느님을 기억하고, 가능할 때마다 성령께 도움을 청하라. 그리고 밤에는 안내해 준 것에 대해 성령께 감사드려라.

6 성령은 너의 말에 의존하지 않는다는 것을 결코 잊지 말라. 성령은 너의 가슴의 요청을 이해하고 그에 답할 것이다. **성령은 공격이 도와 달라는 요청임을 안다.** 그에 맞춰 성령은 도움으로 응답한다.

7 **모든 것을 그의 교사에게 물어라**, 그러면 모든 것이 네게 주어진다. 미래가 아니라 **즉시, 바로 지금 주어진다.**

12) 성령만이 우리를 대신해서 바로 판단하신다

워크북 347:1 당신이 저에게 주셔서 저를 대신해 판단하게 하신 성령께 저의 모든 판단을 맡깁니다. 그는 제가 보는 것을 보지만, 진리를 압니다. 그는 고통을 보지만, 그것이 실제가 아님을 이해합니다. 그리고 그의 이해 안에서, 고통이 치유됩니다. 그는 제가 꿈 때문에 알아차리지 못하는 기적들을 줍니다. 오늘 그가 판단하게 하소서.

→ 성령이 우리를 **대신해서 판단하시도록 우리의 모든 판단을 성령께 맡겨야** 한다.

13) 성령은 우리가 보는 것(환상, 세상)을 보시지만 진리를 아신다. 고통을 보시지만 그것이 실재하지 않음을 이해하신다. 성령의 그 이해 안에서 우리의 고통이 치유된다

또한 성령은 우리의 꿈이 가리고 있어서 우리가 알아차리지 못하는 **기적들을 우리에게 주신다.**

14) 성령이 있는 곳은 우리의 마음 안이다

텍스트 9:40 성령은 너를 참되게 평가한다. 이런 평가는 분명 너의 마음 안에 있을 것이니, 왜냐하면 성령이 너의 마음 안에 있기 때문이다.

제1권 끝